무엇을 드러내고
무엇을 감출까

하시시박

무엇을 드러내고
무엇을 감출까

포토그래퍼 하시시박의 기억하고 표현하는 법

마음산책

무엇을 드러내고
무엇을 감출까

포토그래퍼 하시시박의 기억하고 표현하는 법

1판 1쇄 인쇄   2025년 4월 25일
1판 1쇄 발행   2025년 5월 1일

지은이   하시시박
펴낸이   정은숙
펴낸곳   마음산책

담당 편집   이하나
담당 디자인   한우리
담당 마케팅   권혁준·김은비
경영지원   박지혜

등록   2000년 7월 28일(제2000-000237호)
주소   (우04043) 서울시 마포구 잔다리로3안길 20
전화   대표 | 362-1452 편집 | 362-1451 팩스 | 362-1455
홈페이지   www.maumsan.com
블로그   blog.naver.com/maumsanchaek
트위터   twitter.com/maumsanchaek
페이스북   facebook.com/maumsan
인스타그램   instagram.com/maumsanchaek
전자우편   maum@maumsan.com

ISBN   978-89-6090-931-1 03810

* 책값은 뒤표지에 있습니다.

지금 이 순간을 기억하는 방식이
스타일을 만든다고 생각합니다.

차례

1

나를 위한 스위치 12

피드백이 없다 18

몸이 첫 단추 20

Casual Pieces 25

무엇을 드러내고 무엇을 감출까 158

질문들 165

2

관계를 어떻게 맺을까 178

나만의 스타일 182

Commercial Work 187

어떻게 일할 것인가 208

질문들 213

에필로그 227

조금 더 영감을 받을 수 있을지 모를 기회를
스스로에게 주는 것도 좋습니다.

1

나를 위한 스위치

말하기에 익숙하지 않은 포토그래퍼입니다. 말로 표현하기보다는 눈에 담은 풍경을 카메라에 저장하는 게 더 빠르죠. 타인과 소통하기보다 '주관적인 프레이밍'을 집중적으로 하는 직업이니, 어눌하고 부족할 수밖에 없습니다. 그래도 용기 내어 이야기를 시작해봅니다.

제게 주어진 이야깃거리는 "표현하는 법, 무엇을 드러내고 무엇을 감출까"입니다. 이 주제를 처음 접했을 때 허를 찔린 듯한 느낌을 받았어요. 사진 작업과 연결 짓지 않아도 이즈음 제가 가장 많이 고민하고 생각하는 주제거든요. 일상적인 활동이나 인스타그램을 할 때도 그렇고, 셀카를 찍을 때도 그렇고, 누군가와 대화를 나눌 때도 끊임없이 고민하게 됩니다. 무엇을 드러내고 감출 것인가.

혼자 있을 때는 자연스럽게 나로 존재하는 듯합니다. 타인의 시선을 의식할 필요가 없으니, 온전히 나로서 존재하잖아요. 타인을 의식하는 순간, 나를 표현해야 합니다. 무엇인가 전달할 의도가 생기고, 잘 보이고 싶어져요. 이건 개인 관계를 넘어서 창작의 영역에서도 그렇습니다.

문제는 창작 활동을 할 때 나를 내가 아닌 누군가로 표현하려는 데

있죠. 더 나은 사람, 노골적으로 더 그럴듯한 사람인 듯 보이게 표현하고 싶은 욕망이 생기곤 해요. 이게 시작입니다. 이 욕망이 좋은 방향으로 실현되면 작업하는 동안 창작자에게 원동력이 될 수 있지만, 방향이 잘못 설정되면 가짜의 나를 좇으며 살아가게 됩니다. 더 나은 사람, 성장하는 창작자의 모습을 추구하려면 어떻게 해야 할까. 제가 일하는 방식을 되돌아보았습니다.

창작자로서 가장 중요하다고 생각하는 건 스위치입니다. 내가 원할 때 켜고 끌 수 있는 스위치를 만드는 거예요. 내가 창작자로서 온전히 존재할 수 있는 상태를 만들어주는 것. 저에게는 첫 번째 중요한 미션입니다. 이 미션을 성공하기까지 시간이 오래 걸리기도 했습니다만 꼭 필요한 것이었어요. 왜 필요했냐 하면 가정이 있으니까요. 오직 저 하나만 잘하면 되는 세상에 살다가 가정이 생기고, 아이가 생겼어요.

저에게는 자연인 '박원지'가 있고 창작자인 '하시시박'이 있어요. 박원지 스위치와 하시시박 스위치가 다릅니다. 분리하지 않으면 이도 저도 아닌 복잡한 삶을 살게 되더라고요.

분리를 한다 해도, 참 쉽지 않습니다. 사진 작업 중에는 우리 가족을 대상으로 하는 경우가 간혹 있습니다. 그들이 모델인 것이죠. 개인적으로 찍는 가족사진이 커머셜 작업으로 연결되는 일도 종종 생기고요. 냉정하게 하시시박 스위치를 켠다 하더라도 박원지도 깜빡거리고 있어야 하는 경우가 발생합니다. 이제는 조금씩 그 경계를 구분하는 일이 익숙해지고 있습니다. 두 스위치를 다 켜두어야 하는 상황은 그다지 선호하지 않습니다.

스위치를 잘 활용하려면, 눈에 보이는 물리적인 것들로 나만의 장치를 준비해두는 편이 좋습니다. 촬영장에 갈 때마다 듣는 플레이리스트라든지, 작업할 때 입는 옷, 소지품 주머니 등, 실질적으로 만질 수 있는 스위치를 만드는 것입니다.

그리고 무엇보다 장비를 꼭 점검합니다. 제게 카메라는 영감을 주는 매개체이자 삶의 소중한 지지대와 같습니다. 장비를 자주 점검하면서, 내게 일과 창작 활동의 의미가 무엇인지 마음도 다지게 됩니다. 당연하다고 생각할 수 있는 부분이지만 생각만 하는 것과 내 손에 직접 촉각을 전달하며 떠올리게 되는 이미지들은 약간이라도 차이가 있다고 생각합니다. 조금 더 영감을 받을 수 있을지 모를 기회를 스스로에게 주는 것도 좋습니다.

일하는 하시시박 스위치를 켰을 때는 정말 아무것도 신경 쓰지 않고 흠뻑 빠져야 합니다. 여기에 있어서 저는 실천을 상당히 잘하고 있습니다. 일단 집의 현관문을 열고 나오는 순간부터 후련하게 일만 생각합니다. 아이들에게 손 흔들고 인사하고 돌아서는 순간의 해방감이란! 자동차 시동을 걸고 포토그래퍼로서 달립니다. 게다가 요즘엔 나이가 조금씩 들면서 아직도 일할 수 있다는 것, 나의 사진 작업에 관심을 갖고 찾아주는 데가 있다는 사실에 감동하고 감사하게 느낍니다.

예전에는 일이 줄면 상처받았습니다. 내가 잘못하고 있나 걱정도 했고요. 지금은요, 그럴 수 있다고 받아들입니다. 오래, 길게 작업하려고 생각합니다. 사실 좋은 사진 작품을 찍는 사람이 얼마나 많나요. 나를 그들과 비교하는 건 의미가 없습니다. 나의 장점, 나만의 독특한 점은 무엇일지 고민합니다. 어렵지만 그 고민 속에서 자신감을 회복하기도 합니다.

물론 사진가 하시시박 스위치가 너무 오랜 기간 켜지지 않는 것만 같은 순간에는 조금 두렵기도 합니다. 혼자서 우울감에 빠져 있을 때에도 대체로 엄마로서, 아내로서의 일상은 이어지고 있기 때문에 그 우울감도 나눌 틈이 없으면 남편한테 묻습니다. "내 장점이 뭐야?" 남편은 현실적으로 대답해줍니다. "애가 둘인데 너처럼 이렇게 열심히 일하는 포토그래퍼가 누가 있지?" 없나? 그럼 나쁘지 않네, 나 잘하고 있네. 이런 현실적인 격려의 말이 설령 사실이 아닐지언정 힘이 되기도 합니다. 이런 친구, 동반자가 있다는 게 큰 위로와 도움이 됩니다. 만약 없으면? 내가 스스로 생각하면 되죠. Why not?

내가 창작자로서

온전히 존재할 수 있게 하는

스위치를 만드는 것.

조금 더 영감을 받을 수 있을지 모를 기회를

스스로에게 주는 것도 좋습니다.

피드백이 없다

제가 세상에 선보이는 사진들, 전시에서든 상업적인 용도로든 공개적인 사진 작업을 할 때 놀라운 것은 피드백이 거의 없다는 점입니다. 어떤 필요에 의해 해당 업체나 전시장에 사진을 보내면 끝이에요. 사진을 보내놓고 초조할 때가 있지요. 어떻게 봤을까, 그 반응이 매우 궁금합니다. 하지만 조용할 때가 많아요.

어느 날, 사진을 의뢰하는 일을 하는 업계 지인에게 피드백이 없어 고민이라고 털어놓았더니 이상하게 쳐다보더군요. 피드백이 없다는 건 수정할 게 없다는 뜻 아니냐고. 진짜 좋은 신호인데 왜 고민하느냐는 것이죠. 피드백이 없는 게 아무 문제 없다는 칭찬의 의미일 수 있다니요.

최근에 이런 질문을 받았어요. "저는 사진을 혼자 찍고 혼자 간직해요. 아무한테도 보여주지 않는 사진이 진짜 많아요. 그것만으로도 저는 행복해요. 작가님도 혹시 감춰둔 사진이 있나요?"
아니요, 저에게는 감춰둔 좋은 사진이란 있을 수 없는 일이자 있어서도 안 되는 일입니다. 내가 봤을 때 일단 좋다, 그럼 무조건 보여줘야 하죠. 의뢰인을 위한 폴더에 꼭 들어가야 마땅합니다. 항상 최선의 베스트를 보여주어야 다음 일이 들어올 수 있으니까요.

가족이나 친구의 피드백만 받는다면 편파적일 거예요. 일하는 수고를 아는 이상, 칭찬이나 격려의 말이 먼저일 테니까요. SNS나 온라인에서는 제가 원하지 않는 반응들, 예상하지 못한 피드백을 종종 얻게 되기도 합니다. 그중에는 비방과 모욕의 언사가 있기도 하지요. 내가 소화할 수 있는 말과 아닌 것들을 구별하는 현명함도 창작자의 덕목 중 하나라고 봅니다.

최근에 작업하고 최종 결과물을 전달받으면서 처음으로 진심 어린 피드백을 함께 들었는데요, 매우 감동했어요. 긍정적인 피드백 혹은 부정적인 피드백 이렇게 두 분류의 말만 있는 것이 아니라 어쩌면 '다정의 말'이 세상을 움직이는 거겠구나 싶었어요.

사진도 그렇지만 언어도 그래요. 세상이 다정한 모습으로 진화해나갈 수 있다면 좋겠다고 바라는 요즘입니다. 아이들을 대할 때도 마찬가지입니다. 아무리 어려도 스스로 무엇을 잘못했는지 누구보다 정확하게 파악하고 있기 때문에 부정의 언어로 맞대응해서는 본질에 다가갈 수 없다고 하죠.

다정한 사람 되기란 알면서도 어렵습니다. 이해 속에서 함께 아름다움을 발견해나가는 것. 이상적으로만 들릴지 몰라도 그럼에도 그 희망을 마음속에 품고 더 나은 내가 되길 바랍니다. 그 욕구가 제가 타인과 맺는 관계를, 끊임없이 만들어내는 이미지들을 조금 설명할 수 있지 않을까 기대합니다.

몸이 첫 단추

일을 잘하려면 몸 관리가 기본입니다. 오늘도 저는 운동합니다. 나이가 들수록 카메라는 무거워지고 렌즈도 무거워지거든요. 카메라를 드는 직업을 가진 사람에게는 목, 허리 디스크, 관절 문제가 생기기 쉽습니다. 똑바로 서서 앞을 보면 시선이 향하는 것만으로도 몸의 무게중심이 그쪽으로 쏠린다고 합니다. 내 몸은 그 과정을 반복하면서 기억하죠. 그러다 보면 카메라를 들고 있지 않아도 몸이 아프더라고요.

순전히 일을 더 편하게 하려고 운동을 시작했는데 벌써 꽤 오랜 시간이 쌓였어요. 많은 일이 그렇겠지만 제 직업도 눈을 사용하여 손으로 작업하고 머리로 지시를 내리니 전신운동을 필요로 합니다. 금세 피로해지니 단련이 필요하죠. 잠과 운동, 이 두 가지 과업을 충실히 실행하는 것이 매우 중요합니다.

앞에서 말한 스위치가 잘 작동하려면 몸과 마음 둘 다 여유가 있어야 합니다. 저는 몸이 건강해야 마음의 여유가 생긴다고 믿는 쪽입니다. 아주 자잘한 시신경들이 목뒤를 지나서 가슴을 거쳐 종아리를 타고 내려가 다시 올라오려면 숨을 잘 쉬어주는 것이 무엇보다 중요합니다. 숨을 잘 쉬기 위해서는 산소 공급이 원활해야 하는데 긴장을 하거나 화가 나면 제일 먼저 그것부터 안 되거든요. 화를 가라앉히고 급한 마음을 다스리기 위해서 아무리 뇌에 진정하라고 지시를 내려도 몸이 따라주지 않으면 불가능합니다.

생각해보니 운동을 좋아하게 된 건 내 몸의 메커니즘을 공부하고 이해하게 되면서인 것 같아요. 마치 카메라를 매뉴얼대로 움직이더라도 찍는 사람에 따라서 다양한 사진이 나오듯이 몸도 비슷한 메커니즘과 절대적인 매뉴얼이 있음에도 각자 고유하다는 점이 상당히 매력적으로 느껴졌습니다. 그 복합적인 체계를 익혀 나만의 것으로 조금씩 다듬어가는 과정이 매우 흥미로웠습니다.

일과 일상의 균형을 잡는 일은 결국 내 안의 밸런스를 맞추는 일이겠죠. 어쩔 수 없이 희생되는 부분에 대해서는 너그러이 받아들이는 마음도 중요합니다. 처음에는 이 부분이 가장 힘들었어요. 어느 쪽도 포기하고 싶지 않았으니까요. 하지만 곧 자의 반 타의 반 깨닫게 됩니다. 지나친 욕심이라는 것을.

쉬운 방법은 우선순위를 정하는 겁니다. 아무것도 포기할 수 없다면 주변 사람의 도움을 적극적으로 받는 것도 좋습니다. 예민한 몸과 마음을 정기적으로 돌보기를 추천합니다. 그 부분에 비용이 든다면 우선해서 마련해놓으세요. 운동이 될 수도 있고, 취미 생활이 될 수도 있고, 쇼핑이 될 수도 있습니다. 나를 위한 소소한 행복을 결코 간과하지 마세요. 이 모든 것을 컨트롤하고 나아지게 이끌 수 있는 사람은 오로지 나밖에 없으니까요. 때로는 머뭇거리고 지체되고 있는 것 같아도 여러분 모두 힘내시길 바랍니다. 저도 그렇고요.

"힘내라 박원지, 힘내라 하시시박. 시간은 많다. 천천히 생각하자. 건강하게 생각하고 움직일 수 있게 하루하루 최선을 다하는 것만으로 반 이상 해내고 있는 거야. 괜찮다"라고 특별히 자신에게 말해주는 하루를 모두가 보낼 수 있기를.

이해 속에서 함께

아름다움을 발견해나가는 희망을 품고

더 나은 내가 되길 바랍니다.

나를 위한 소소한 행복을 결코 간과하지 마세요.

이 모든 것을 컨트롤하고 나아지게 이끌 수 있는 사람은

오로지 나밖에 없으니까요.

Casual Pieces

〈Casual Pieces〉는 2009년부터 해온 개인 작업 시리즈입니다. 1부터 7.0까지 이어졌는데, 그 시리즈를 한데 모아서 사진을 주욱 보는 건 그동안 없었던 일이에요. 너무 방대한 자료여서 정리할 생각을 못 했습니다. 이번에 깨달았습니다. 데이터 정리, 정말 중요합니다. 초기에 데이터 보관할 때 카메라 기종과 필름 사양을 적어놓지 않았더라고요. 이 정보를 기록하는 게 중요한데 말이죠.

개인 작업을 살피며 **"현재 나는 미래를 어떻게 바라보고, 어떤 포토그래퍼이고 싶은가"**에 대해서 생각해보았습니다. 저는 '무엇'을 찍는 포토그래퍼로 기억되고 싶지는 않습니다. 대신에 어떤 '시선'으로 기억되는 포토그래퍼이고 싶습니다. 하시시박 재밌게 찍네, 웃기는 포토그래퍼 같은데, 좀 쌔하기도 했고, 그런데 결혼하더니 따뜻해진 것 같아, 이런 평가라면 좋겠습니다. 너무 구체적인가요? 꾸준히 잘하고 있네, 아직도 하고 있네? 정도면 참으로 좋죠. **대표작으로 기억되는 사진 하나를 갖고 싶지 않냐는 질문을 종종 받는데, 그보다 저는 삶을 바라보는 태도로 기억되는 포토그래퍼이고 싶어요.**

2008년에 한남동에서 사진 스튜디오를 시작하기 전에는 수년간 영화감독을 꿈꾸면서 연출 공부를 했어요. 영화를 공부하는 동안은 카메라를 세로로 들 일이 없었어요. 그래서 영화에서 사진으로 분야를 바꿨을 때 가장 충격적이고 어색했던 게 바로 카메라를 세로로 들고 포트레이트를 찍는 일이었어요. 잡지나 프린트 매체 일을 할 때는 대부분 세로 작업을 요청받거든요. 그게 너무 어려웠습니다. 가로에서 갑자기 옆을 다 잘라내니까 내가 제대로 보고 있는 게 맞나 싶기도 했지요. 그래서 되는대로 세로 사진을 부지런히 찍었어요. 풍경이든, 인물이든 세로로 많이 찍으려고 노력했습니다.

이 사진들은 2010년 전후일 것 같아요. 〈Casual Pieces 1〉 전시에서 선보였던 사진들입니다. 지금도 서촌에 있는 카페 mk2 옆 '갤러리 팩토리'에서 했고요. 그 앞에서 찍은 사진이에요.

왼쪽 사진은 뭘까요? 북극곰이에요. 북극곰이라고 생각하고 보니까
정말 다르죠? 북극곰 얼굴과 몸이 나오는 사진을 당연히 저도 찍었어요.
그런데 이런 사진이 저한테 더 와닿았어요.
위쪽 사진은 하와이인 것 같은데 아마 로모로 찍었을 거예요.
이 사진을 찍을 때 사진 속 사람들이 즐기고 있는지 잘 모르겠더라고요.
다 죽으러 가는 모습처럼 보였어요. 제 마음이 그랬던 거죠.
그런데 그 마음이 시선에 담겨서 좋아하는 사진이에요. 제목도
〈End of the Day〉 같은 느낌이었을 거예요. 죽으러 가는 것일 수도 있고
그냥 단순히 하루의 마지막 의식처럼 바다에 디핑하는 걸 수도 있죠.
이중적인 뜻이 담겨서 제목을 짓고 역시, 하며 스스로 감탄했던 것
같아요. 정확히 기억은 안 나지만.

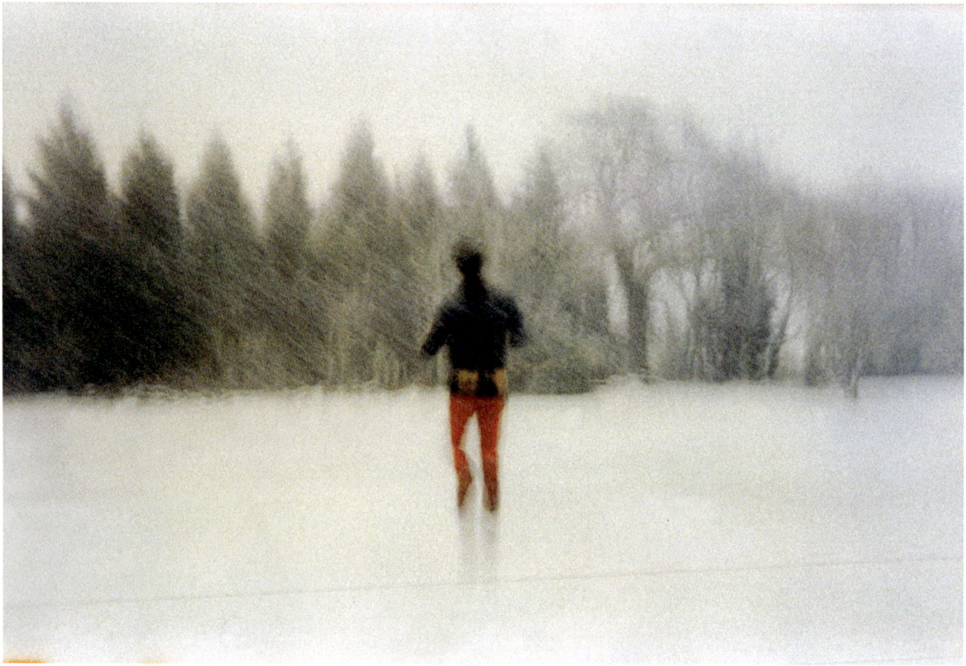

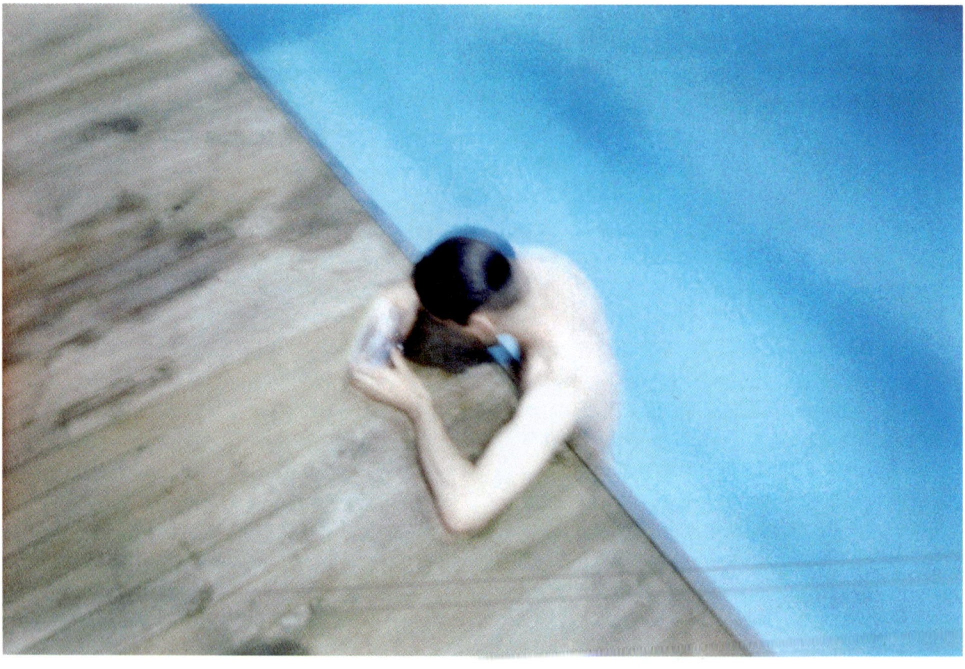

이 전시에는 다양한 저의 엑스들이 등장합니다. 저때 나름대로 계획을 세웠어요. 얼굴은 찍지 말아야지. 언젠가는 이런 순간이 올 거라 예감한 모양입니다. 참 다행이죠?

로모로 찍은 사진들은 특별한 느낌이네요. 토이 카메라죠. 그중에 플래시 색깔을 바꿀 수 있는 모델이 있었는데, 그 카메라를 좋아했어요. 그걸로 찍으면 사진을 회화처럼 찍을 수 있었거든요. 아주 거칠게. 그 카메라로 찍은 사진들이에요.

의도한 건 아닌데, 저는 사실 꽤 오래 필름 카메라로 찍어왔어요. 상업사진도요. 필름으로 사진을 찍으면 롤이 자동으로 돌아가기 전에 수동으로 감는 기능이 있어요. 그래서 내가 어느 순간 이쯤, 하고서 돌려서 다시 찍으면 이미지가 필름에 더블로 찍혀요. '이중 노출 기법'이라고 하죠.

하물며 이 사진은 여성 배우입니다. 잡지 화보에 실릴 포트레이트를 제가 이렇게 찍은 거죠. 이 사진은 당연히 실리지 않았고, 개인소장하고 있습니다.

풍경을 찍는 걸 지금도 정말 좋아합니다. 대자연 속에서 위로를 많이 받거든요. 이유가 뭘까 생각해보면 저는 사람을 별로 좋아하지 않았던 것 같아요. 사람을 대하기가 무섭고, 나의 에너지가 소진된다는 느낌으로 이십대를 보냈어요. 이십대 때 저는 외롭지만 사람은 싫고, 그러면서도 어딘가에 소속감을 느끼고 싶고, 그런 여러 가지 다양한 욕구와 가치관이 충돌하는 시기를 보냈어요. 그런 모든 것으로부터 다 떠나서 자연 속에 있으면 내가 진짜 작아진 기분이어서, 내 고민들이 아주아주 작아 보여서 그 느낌이 좋았어요. 그런데 최근에 아이슬란드에 가서 찍은 사진들을 보면, 이제는 그런 느낌이 들지 않더라고요. 그 대자연 속에 있어도, 내 옆에서 아이들이 막 싸우고 있으니까 이상하게 이쪽이 더 커 보인다고 할까요. 요즘에는 잘 모르겠습니다.

이 사진들은 둘 다 필름으로 촬영했어요. 화소가 높지 않은 필름과 그다지 기능이 좋지 않은 카메라로 찍어서 입자들이 살아 있는데 그게 너무 좋았어요. 그래서 저용량을 일부러 확대해서 거의 픽셀 단위로 작업했어요. 뭉개지거나 깨지는 부분 하나하나를 다 후작업해서 크게 프린트해서 전시했습니다.

이 사진도 하와이에요. 우연히 찍었는데 이런 두 이미지가 나와서 나란히
붙여서 전시했어요. 제 사진들에 진짜 사람이 없긴 하네요.
쌔하지 않아요? 뭔가 강하고, 뽀족뽀족한 느낌이에요.
아주 멀리서 담아낸 절벽 아래 모습과 바로 앞에서 찍은 파도가 같은
볼륨감으로 보이는 점이 재미있습니다. 시선과 태도가 어떤 것은 크게,
어떤 것은 작게 만든다는 점이 삶을 대하는 우리의 모습과 닮아 있기도
하고요.

이 사진은 하와이 여행에서 찍은 셀프 포트레이트입니다. 그 당시 저는 셀프 포트레이트를 정말 많이 찍었어요. 사진을 너무 찍고 싶고, 이미지를 다양하게 만들어보는 시도를 계속하고 싶은데 모델도 없고, 친구도 없고. 그래서 저를 모델로 찍던 시절이었습니다.

제가 정말 좋아하는 사진이에요. 선풍기 예쁘지 않아요? 지금은
절대 이렇게 못 찍을 거예요. 이때 사진들을 보면 다시는 못 찍을
작업들이라고 생각해요. 이 사진을 찍은 사람이 이십대였다는 걸
확실히 알겠어요. 사진만 봐도 그런 느낌이 드는 게 신기해요.

너무 쓸쓸한 불꽃놀이 아니에요? 진짜 엄청 외로웠나 봐요. 분명히 누구랑 같이 갔을 텐데 왜 저런 사진을 찍었는지. 이것도 제가 좋아하는 사진이에요. "카메라 앵글에 무엇을 넣고 무엇을 뺄 것인가?" 요즘에는 그런 고민을 안 하게 되는 것 같아요. 왜냐하면 필름 카메라는 뷰파인더에 눈을 대잖아요. 그 과정을 통해 렌즈 앞에 들어오는 걸 내가 하나하나 선택할 수 있는데, 디지털카메라는 LCD로 딱 즉각적으로 보이니까 그냥 찍게 돼요. 있는 그대로. 그러다 보니 이런 식으로 시간을 들였다는 느낌의 사진은 디지털로는 더 이상 찍지 않게 되더라고요.

이제 〈Casual Pieces 2〉로 넘어왔습니다. 여전히 이십대예요. 젊죠? 진짜 어렸을 때 스물다섯, 여섯쯤 찍은 사진이에요. 당시에 야후에서 만든 '플리커'라는, 지금의 인스타그램 같은 플랫폼이 있었어요. 페이스북, 싸이월드 같은 거였어요. 미국이랑 일본, 중국 쪽에서 가장 큰 플랫폼이었죠. 거기에 제가 업로드를 계속했는데 이 사진이 갑자기 확 인기를 얻으면서, 지금으로 말하면 '좋아요'를 엄청나게 받으면서 메인에 올라간 거예요. 그래서 정말 많은 브랜딩이나 마케팅 관련 사람들이 제 계정으로 유입됐죠. 그러면서 일이 시작됐어요. 그걸 깨닫고 플리커에 알맞은 사진을 일부러 올리기도 했어요. 말하자면 조회수를 올리려 한 거죠. 그렇게 셀프 브랜딩을 시작하게 됩니다.

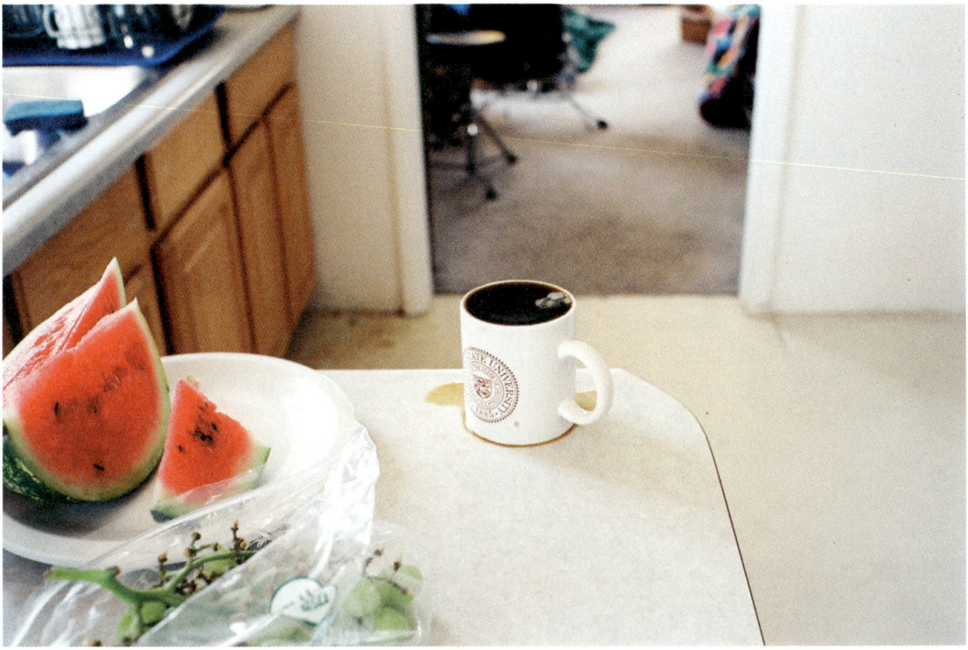

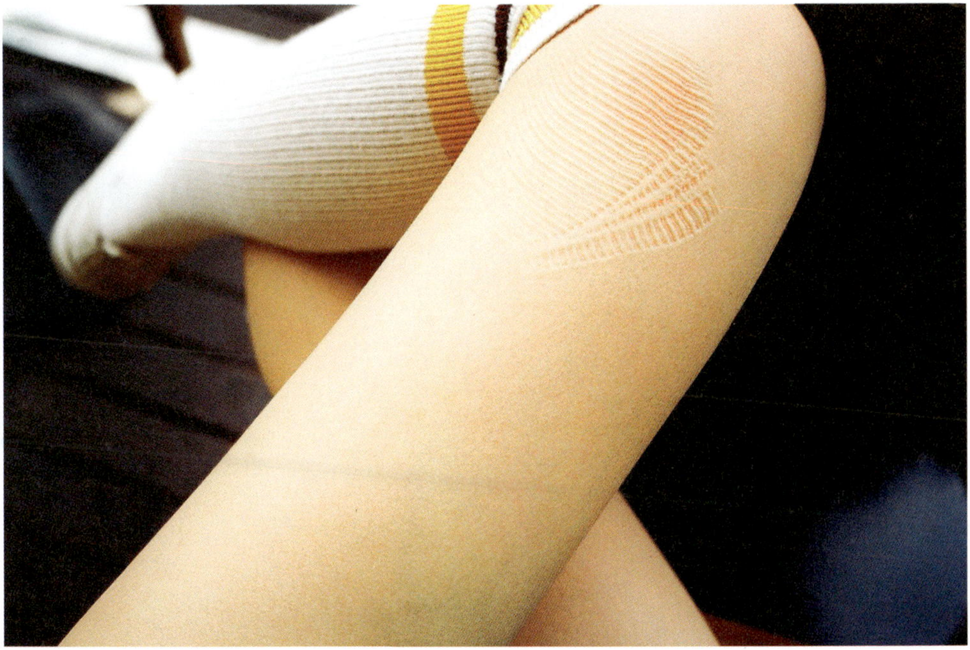

모든 사진이 그래요.

모든 작업이 바로 지금, '그 순간'이니까 가능한 것이거든요.

사진의 매력이 그런 거잖아요.

그러니까 고민할 필요가 없어요.

많이 찍고 행동하면 되는 겁니다.

여행을 많이 다녔습니다. 하와이도 가고, 미국 본토도 가고요. 가난하게 미국 횡단 로드 트립을 했어요. 딱 하루 라스베이거스 호텔에서 자고 나머지는 거의 노숙을 해서 200만 원도 안 썼을 거예요. 지금 생각하면 매우 위험한 일입니다. 첫날 덴버에 도착했는데, 콜로라도 산속으로 들어가 텐트에서 잤어요. 밤중에 갑자기 남자들 소리가 들리는 거예요. 마치 영화처럼 텐트 바깥으로 저 멀리 걸어가는 남자와 기다란 그림자가 보였어요. 아시아 여자가 왔다는 소문을 듣고 남자 넷이서 총을 들고 찾으러 온 거예요. 진짜 놀랍죠? 다행히 저는 남자 친구들 세 명이랑 같이 있었어요. 그래서 위기를 넘겼는데, 이십대 때 그만큼 위험한 여행을 겁도 없이 많이 했어요.

서쪽으로 유타, 와이오밍 등을 거쳐 캘리포니아로 갔어요. 할리우드 스타들이 사는 말리부에 도착했을 때였어요. 거기서도 그냥 아무 곳에나 주차를 하고 차에서 잤어요. 아침에 일어나 세수를 하려고 커피빈에 갔더니 조디 포스터가 아이들과 함께 휴식을 취하고 있더라고요. 정말 신기한 경험이었습니다. 그런 여행을 권장하는 건 아니지만, 아직 이십대라면 로드 트립에 도전해볼 만해요. 그때니까 가능했거든요. 모든 사진이 그래요. 모든 작업이 바로 지금, '그 순간'이니까 가능한 것이거든요. 사진의 매력이 그런 거잖아요. 그러니까 고민할 필요가 없어요. 많이 찍고 행동하면 되는 겁니다.

필름 사진이 좀 다르긴 한가요? 그런 것 같아요. 좋네요, 사진이.
너무 신기해요, 제 사진인데. 제가 찍은 사진을 다시 안 보거든요.
저에게는 한번 작업한 사진들은 지나가요.
정말 오랜만에 이십대 때 찍은 사진들을 보니 무척 다양한 감정들이
있네요. 약간 부끄럽습니다. 저의 이십대를 불특정 다수와 나누는
거잖아요. 무모한 이십대를 공유하고 있습니다.

계속해서 미국 횡단 로드 트립에서 찍은 사진들이에요. 이 사진 속 생리대를 보면 'M size, Korean, American' 이렇게 쓰여 있어요. 여행 중에 생리가 터졌는데 한국에서 가져간 생리대가 없어서 마트에서 늘 하던 대로 자연스레 M 사이즈를 샀어요. 그런데 한국의 M 사이즈와 너무 달랐어요. 참 이래서 사람이 넓은 세상을 경험해야 되는구나, 고정관념이라는 게 곳곳에 스며 있구나 느꼈어요. 그래서 '꼭 남겨야겠다. 그런데 어떻게 남기지?' 하다가 고민해서 찍은 사진이랍니다. 물론 약간은 플리커 조회수를 노렸어요. 적나라하고 1차원적이라고 그때도 생각했지만요. 결과적으로는 유치하고 단순할지라도 이렇게 찍기를 잘했다고 생각해요. 지금이라면 절대로 이렇게 찍을 수 없거든요. 모든 걸 안다고 할지라도요.

이런 곳에서 잤어요. 그냥 바닥에서.

미시시피강에 저렇게 뛰어들었고요.

이 사진은 제가 한남동에 스튜디오를 처음 오픈하면서 기념으로 나 이제 직업인이야, 내 사업 운영하는 사람이야, 하며 찍은 셀프 포트레이트입니다. 어깨에 짐이 아주 많은 콘셉트였네요.

이 두 사진은 전혀 다른 날, 다른 해에 찍은 사진들이에요. 하와이 고모 댁의 신선한 과일과 와이오밍에서 캠핑할 때 모습입니다. 왼쪽 이미지는, 혹시 저희 집이 소개된 유튜브 영상을 보셨는지 모르겠지만, 저희 부부 침실에 엄청 큰 사이즈로 놓여 있어요. 제가 정말 좋아하는 대표적인 쌔한 사진 중 하나입니다.

이 사진들을 보면 음악이 들리는 것 같아요. 로드 트립을 하면서 들었던 음악들이요. 제가 열일곱 살에 혼자 인도에 갔었거든요. 그때도 두 달 동안 노숙을 하고 돌아다녔어요. 위험한 줄도 모르고 겁도 없이 그랬는데, 너무 소중하고 기억에 남는 여행이었지만 만약에 아들이나 딸이 간다고 하면 말릴 거예요. 아니까.

남편이 종종 물어봐요. "너 만약에 본비가, 시하가 그렇게 여행 간다고 하면 보내줄 거야?" "응, 보내는 주는데 자기 돈으로 가야 되고, 내가 뒤에서 몰래 쫓아다닐 거야."

생각해보면 위험한 일들이 많았어요. 이상한 사람도 진짜 많았고요. 하지만 사진 찍기에는 더없이 좋았죠. 애니 레보비츠가 한 말 중에 기억에 남는 게 있어요. 젊은 시절 자신을 떠올리며 카메라가 라이센스 같았다고 하더라고요. 내가 카메라를 드는 순간 어떤 자격이 생기는 거죠. 상황에 개입할 수 있는. **카메라에는 정말 그런 매력이 있어요. 갑자기 용기가 생겨요. 대단하죠.** 부럽네요. 젊은 시절의 제가.

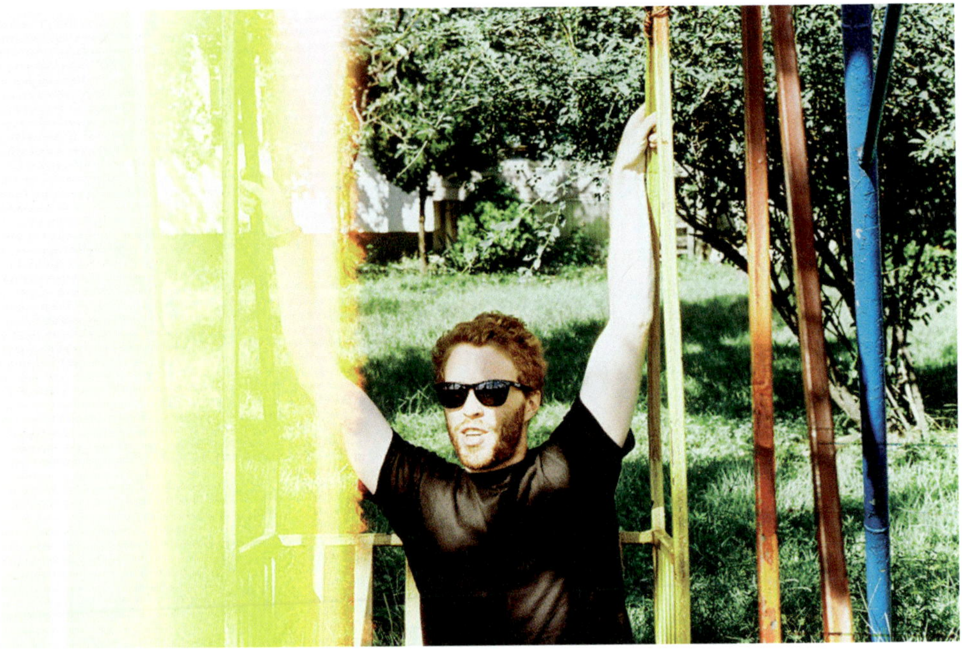

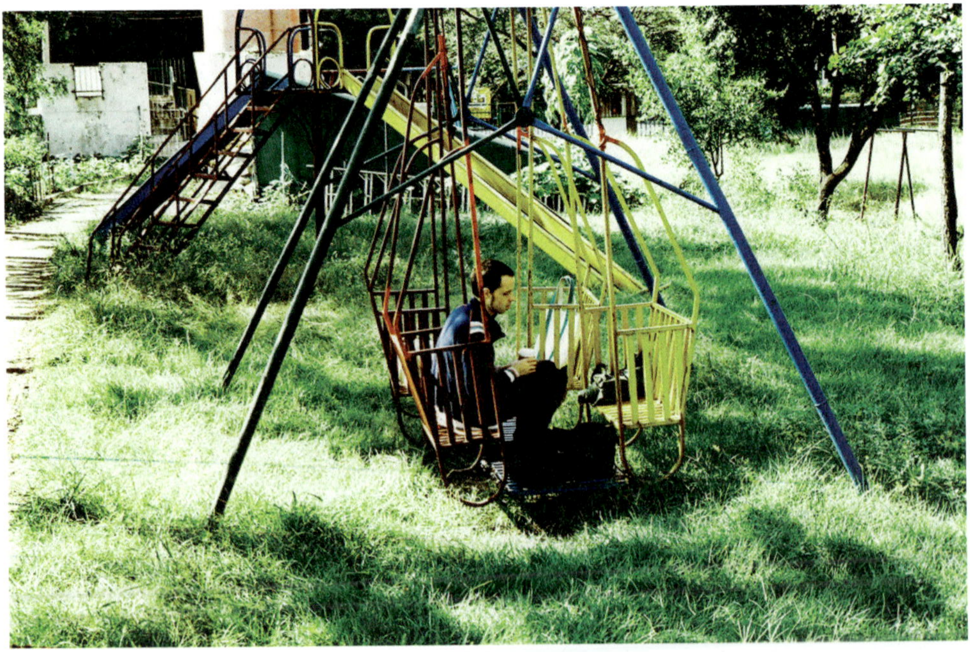

여기는 동부이촌동 아파트예요. 지금은 재개발로 없어졌습니다.
그룹 f(x) 앨범 작업을 했었는데, 그들을 여기로 데려와서 커버를 찍었어요.

가이아라는 친구입니다. 너무 예쁘죠? 페로제도라는 작은 화산섬들이 있는데 덴마크왕국의 구성국이에요. 그곳에서 온 친구인데 북유럽 느낌이 있죠. 그 느낌이 참 좋았어요.

이 사진은 일단 예뻐서 찍었어요. 저희 집은 아니고, 남의 집이에요. 제가 어지럽힌 게 아니니까 예뻐 보일 수 있잖아요. 이 흐트러짐이 많은 정보를 저한테 주고 있다고 생각했고, 그래서 찍었고, 반응이 좋았어요. 우리 다 이러고 사니까. 그렇죠? 누가 봐도 예뻐서 예쁜 사진 말고, 나한테만 예뻐 보이는 걸 일상에서 찍어도 사람들이 고스란히 그 시선을 받아들이는구나, 깨닫게 됐어요. **일상을 어떻게 바라보고 개인 작업으로 표현할 것인가** 고민하다가 '이런 건가?'라고 저 스스로 느꼈던 사진 중 하나예요. **'이질감'이나 '특별함'이 사실은 내가 어떻게 바라보느냐에 달려 있지 외국을 나가거나 하는 물리적인 환경 변화에 따른 것은 아니구나, 내 주변을 어떻게 해석하고 대하는지가 더 영향을 미치는구나,** 깨닫는 경험이었어요.

이제 〈Casual Pieces 3〉예요. 대놓고 쌔해졌죠. 예민함이 극에 달한 거예요. 결혼을 했거든요. 첫째도 낳았거든요.

이 칼 사진은 사실은 저에게 따뜻한 의미가 있는 사진이에요. 제가 결혼할 때, 처음 연애하고부터 첫째 아이 출산까지 1년이 안 걸렸어요. 10개월이 걸렸거든요. 그렇다 보니 신혼집이 마련되어 있지 않아서 남편이 시어머니랑 살던 집에 제가 들어갔어요. 거기서 첫째 아이도 낳았고요. 참 좋았습니다. 저는 지금도 다시 시어머니랑 같이 살고 싶어요.

그런데 갑자기 두 여자의 살림이 한 부엌에 같이 있게 된 거잖아요. 당연히 민감한 부분이죠. 부엌을 두 여자가 공유한다. 한 남자의 입을 두고. 약간 어려운 문제예요. 그런데 신기하게도 이 칼에 그게 딱 들어 있는 거예요. 어느 날 부엌 한편에 어머니가 쓰시는 칼과 제가 쓰는 칼이 한데 놓여 있는 걸 봤어요. '이게 바로 지금의 나 같아. 이 속에 있는 내가 너무 좋은데, 위태위태해 보이기도 해. 한 덩어리처럼 보이기도 하지만, 날카로운 상황이구나'라는 걸 응축해서 보여주는 듯해 찍은 사진이에요. 저 빨간 칼이 제 칼이고요. 나머지 칼은 시어머니의 칼이에요.

결혼 후 첫 해외 출장을 가게 됐어요. 첫째 아이가 두 살인가 됐을 무렵이에요. 거의 10박쯤 멜버른으로 갔어요. 가족을 떠나 팀이랑 함께요. 떨렸어요. 너무 좋았죠. 시어머니가 계시니 가족 걱정을 할 필요도 없어서 신났어요. 그때 처음으로 제가 지금껏 쓰고 있는 '라이카 SL'이라는 디지털카메라가 나와서, 고가의 장비인데도 구입했죠. 자신감도 넘치고, 기분이 좋은 상태로 찍은 사진들입니다.

가는 곳곳마다, 보는 모든 것마다 찍어서 멜버른이라는 도시에 관한 잡지를 펴내야 했어요. 내가 만나는 사람, 내가 마시는 커피, 맛본 음식, 모든 장르 사진이 다 들어갔죠. 그 와중에 개인 작업도 하고 싶었어요. 너무 신나니까, 멜버른에 왔으니까.

저는 항상 그 사이에서 밸런스를 맞춰야 하는 경우가 많아요. '촬영 밸런스를 어떻게 잡으세요?'라는 질문도 받곤 해요. 그 밸런스는 미리 생각한다기보다 후반에 셀렉을 통해 잡습니다.

수박을 샀는데 이렇게 봉지에 담아주더라고요. 문화충격이었어요.
'무엇을 감출까'라는 주제로 적합한 사진입니다. 전시할 때는
이 사진에서 나뭇잎을 지웠어요. 그런 걸 못 보는 성격이라 지우는
작업을 많이 한답니다. 바닥에 껌 자국 등도 지우고요. 전체적으로
봤을 때 요소가 어디에 쏠려 있거나 너무 많으면 거슬리더라고요.
이 사진은 그걸 지우지 않은 원본입니다.

호주 아웃백이 광활하고, 광대해요. 대자연을 찍다 보면 항상 맞닥뜨리는
고민이 있습니다. 사실 그런 대자연에서는 대부분 촬영 스폿이 정해져
있어요. 포토 포인트가 있죠. 열이면 열, 모든 사람이 거기서 사진을
찍어야 해요. 함부로 자연에 들어가서도 안 되고요. 그러지 않으면
위험한 상황이 생기는, 안전과 직결된 문제입니다. 그래서 사실상 모두가
같은 앵글의 사진을 찍게 되어서 그걸 내가 어떻게 탈피할 것인가가
큰 고민입니다. 그럴 때 이렇게 크롭을 들어가서 텍스처나 색깔로
보여주는 것이 하나의 방법이겠다고 생각했어요. 전시할 때 아웃풋이
패브릭이어서 그 점을 고려해서 작업했습니다. 최종 결과물의 소재와
소개될 공간이 작업할 때 큰 영향을 미칩니다. 전시는 결과적으로
하나의 경험으로서 전달되는 것이니까요.

예쁘네요. 예쁘면 된 거 아닐까요? 멜버른이 자동적으로 상기되는 사진들이에요. 여기서 살고 싶다는 생각이 들 만큼 좋았던 도시 중 하나입니다. 이건 베이글 샌드위치 포장지예요. 비트가 들어 있는 샌드위치여서 이런 색이 나왔죠. 이때만 해도 베이글 샌드위치가 한국에 없었어요. 런던에 살 때 즐겨 먹다가 멜버른에 가서 다시 먹으니 어떤 그리움과 이 베이글 샌드위치에 대한 깊은 애정의 화학작용으로 사진을 찍었어요.

아침에 일어났는데 중국계 할머니가 공원에서 타이치를 하고 계시는 모습이 너무나 사랑스러워서 찍었어요. 라이카 카메라의 성능에 다시 한번 놀라네요. 이 촉촉한 도로를 보세요. 이렇게 촉촉한 느낌을 살리다니. 기술적인 얘기를 하자면 찍는 사람이 어두운 실내에서 밝은 바깥을 찍을 때 블랙을 부드럽지만 살아 있게 표현하는 것이 결코 쉽지 않습니다. 모든 카메라가 가능한 일이 아니죠.

이 사진은 첫째 임신했을 때 제 배가 얼마만큼 나오는지 찍으려고 했던 시리즈 중 하나예요. 남편 얼굴이 점점 가려질 거 아니에요? 그럼 너는 사라지고 애만…… 그런 생각이었는데 다 잘 나오지는 않았습니다. 이처럼 먼저 아이디어를 얻고 계획해서 찍는 사진들이 간혹 있기는 하지만 아무래도 저는 그런 타입은 아닌 것 같아요. 뭔가 연출하게 되는 상황이 쉽지 않더라고요. 하지만 나중에 〈Casual Pieces 6〉에서는 아이들 덕분에 다시 시도하게 됩니다.

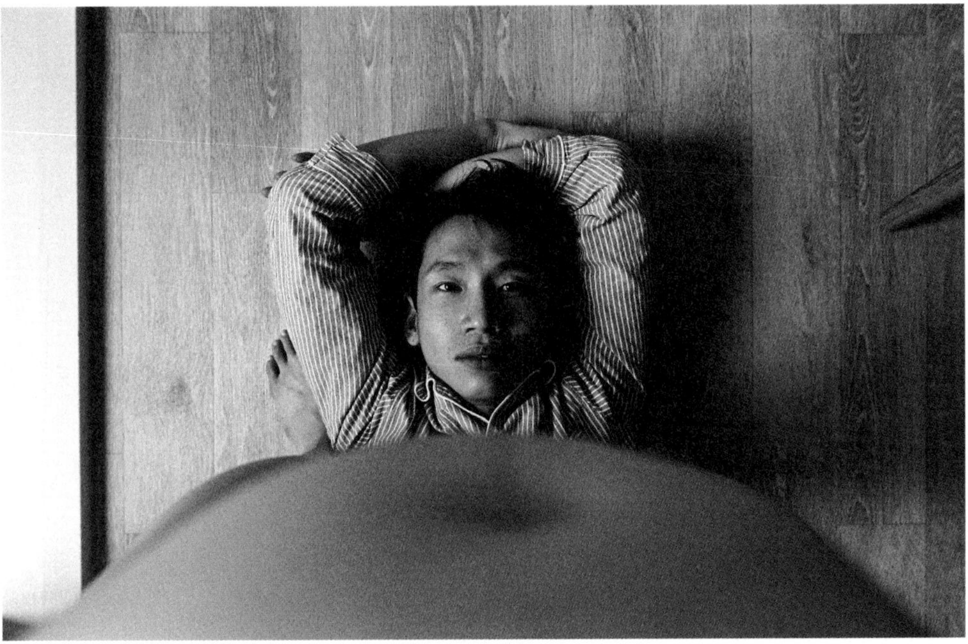

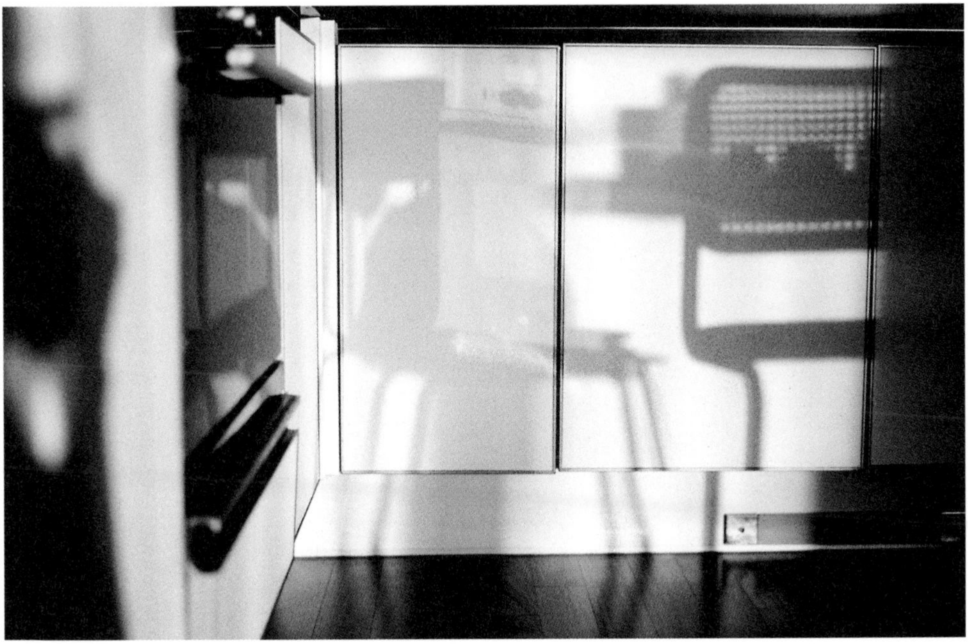

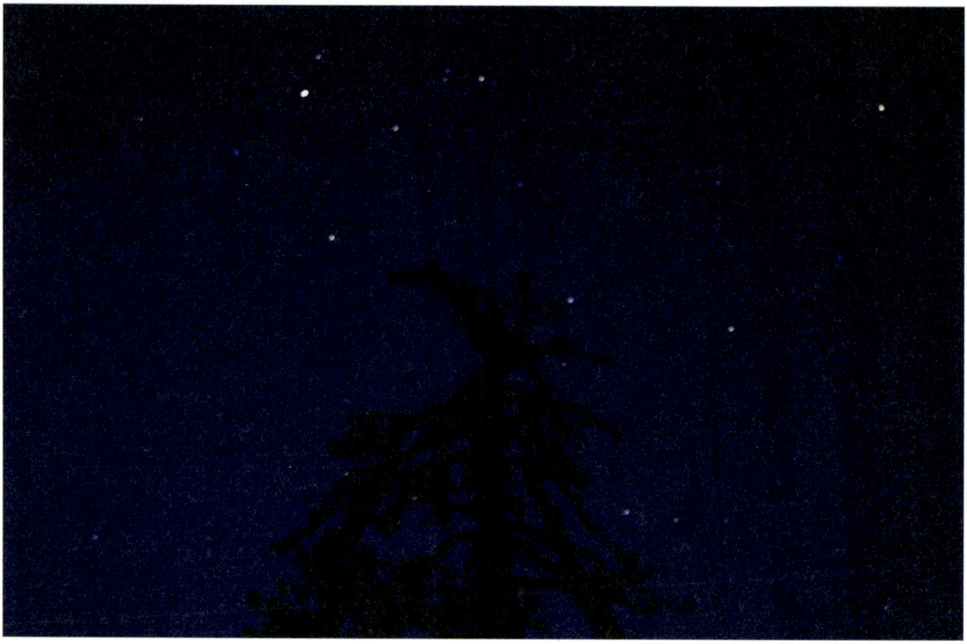

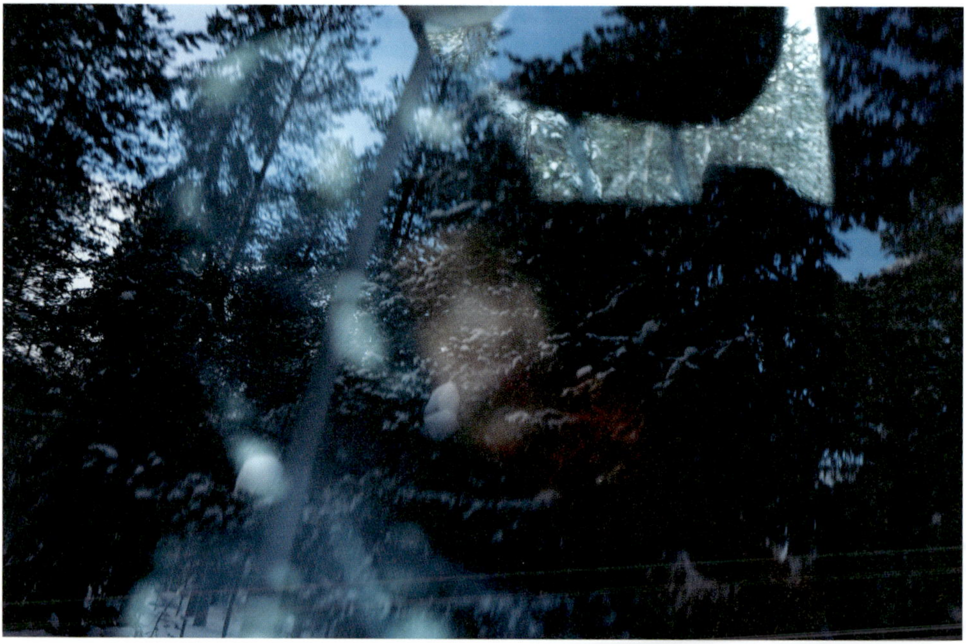

이제 〈Casual Pieces 4〉예요. 핀란드와 스웨덴에 가서 찍은 사진들이에요. 『Full Moon Aurora』라는 책으로 발간했고요. 그래, 나는 대자연을 찍는 여자니까, 오로라는 한번쯤 찍어야지. 오로라를 다 똑같이 찍는데, 난 다르게 찍어주겠어. 나는 필름으로 찍겠어. 그런데 필름으로 찍으면 안 나올 수도 있으니까 디지털도 가져가겠어. 그렇게 여행을 시작했어요. 오로라를 혼자 가서 볼 수 있는 건 아니어서 투어를 이틀 예약했어요. 만약에 첫날 안 보이면 여기까지 왔는데 아쉬우니까 두 번째 투어도 예약했죠. 첫째 날은 못 보고 두 번째에 봤어요. 첫째 날 오로라를 보면 둘째 날은 남편에게 가서 보라고 할 생각이었죠. 한 명은 애들을 봐야 하니까. 저는 두 번째 날 봤고, 남편과 아이들은 못 보고 돌아와서 제 사진으로만 봤어요. 그게 너무 미안해서 최근에 가족과 함께 아이슬란드에 갔습니다. 남편은 오로라를 보는 게 버킷 리스트였거든요. 제 버킷 리스트는 아니고요. 남편도 이번에 마침내 볼 수 있었어요.

사실 실제 오로라는 이 사진들처럼 보이지 않아요. 카메라 렌즈를 통해서만 이렇게 보입니다. 사람 눈으로 보면 절대 이렇지 않아요. 오로라가 어디 있어? 그런 느낌이죠. 오로라는 사진으로 즐기길 추천합니다.

첫째 날 눈이 너무 많이 와서 오로라를 못 봤어요. 체감온도가 영하 30도였는데 카메라를 작동하려고 장갑을 벗으면 손이 달라붙는 거예요. 떨어지질 않아요. 그만큼 추운 거죠. 그리고 아무것도 안 보였어요. 빛이 없어야 오로라가 더 잘 보이니까 어두운 곳으로 계속 가는데 날씨까지 안 좋으니까 더 아무것도 안 보이고. 아무것도 안 보이면 카메라는 어떻게 할까요? 포커스를 아예 못 잡아요. 저도 매뉴얼을 어떻게 조작할 수가 없죠. 손이 다 얼어서 그냥 셔터를 누를 수밖에 없는데, 셔터만 누르면 찍지를 못하는 거예요. 카메라 눈에는 보이는 게 없으니까.

그래서 '가이드 라이트'가 필요하다는 사실을 혹한의 상황에서 처음 알았어요. 가이드 라이트를 밝혀야 포커스를 잡고 찍을 수 있는 거죠. 아래 사진은 필름으로 찍었는데 새하얀 눈에 가이드 라이트가 들어갔어요. '사진을 찍는다'는 행위가 이렇게 많은 기본적인 요건이 갖춰져야 가능한 일임을 평상시라면 절대로 알 수 없는 극한의 환경에서 배울 수 있어 굉장히 짜릿했던 기억입니다.

스웨덴 놀이터에서 바라본 하늘의 비행기 똥. 비행기가 남기는 그 라인을 찍은 거고요. 친하게 지내는 작가에게 북유럽 풍경이 어쩐지 오리엔탈하다는 피드백을 받은 사진 중 하나예요.

신기하게도 사람이 만든 눈 코 입이 아니에요. 시하가 갑자기 오줌이 마렵다는 거예요. 너무 추우니까 올인원, 점프슈트 같은 방한복을 입고 있었어요. 핀란드 대자연에 화장실은 없고, 저 추위에 방한복을 벗겨서 오줌을 누이는 미션이 생겼죠. 오줌을 누이고 고개를 딱 들었는데 이 나무와 마주친 거예요. 그래서 찍었습니다.

정말 그래요. 내가 움직이지 않으면 아무 일도 일어나지 않아요. 그걸 알면서도 왜 그렇게 힘들까요? 나를 움직이는 게. 그래서 한강이든 어디든 내가 원래 가는 동네가 아니더라도 계속 다니려고 하는 편입니다. 살면서 그게 가장 큰 미션이 되는 날이 올 줄 알았을까요?

내가 움직이지 않으면
아무 일도 일어나지 않아요.

필름으로 찍은 오로라 사진이에요. 책 제목이 'Full Moon Aurora'인 이유가 바로 여기 있는데요. 보름달이 뜨면 하늘이 밝잖아요. 오로라가 안 보여요. 제가 간 날이 하필 완벽한 '풀 문'이었어요. 그래서 오로라를 선명하게 보지 못했는데 다행히 카메라는 그걸 잘 잡아줬고 대낮에 떠 있는 오로라처럼 나오더라고요. 신기한 건 이번에 아이슬란드에 갔을 때도 또 풀 문이었어요. 지금 생각해보니 아이의 봄방학에 맞춰 여행을 가서 그랬나 봅니다. 아름다운 우연이지만 어찌 보면 워킹 맘의 고충이네요.

이 사진은 제 개인 작업을 위해서 간 여행에서 찍었어요. 남편이 쓴 책의 표지를 찍어달라는 의뢰를 받아서 여행을 간 김에 거기서 찍으면 좋겠다 생각했지요. 둘째가 걷지도 못할 때였는데 북유럽을 누비고 다녔어요. 결국 옆의 사진이 남편의 에세이 표지가 되었습니다.
위의 사진은 이때 상황을 보여줍니다. 저는 카메라 장비를 드느라 남편이 둘째를 안고 첫째를 업고 저렇게 따라다녔답니다. 사랑은 대단합니다.

〈Casual Pieces 5〉부터 본격적으로 가족사진을 찍어달라는 의뢰가 많이 들어왔어요. 아이들도 어느 정도 자랐고요. 이 사진은 라이카에서 먼저 제안하고 빌보쾨VILEBREQUIN라는 프랑스 스윔 웨어 브랜드가 서포트를 하면서 이루어진 작업이에요. 이때도 한 순간은 커머셜하게 찍고, 한 순간은 내 마음대로 찍는 과정을 동시에 반복했어요. 이런 상황들이 이때부터 본격화되기 시작했죠. 브랜드가 노출된 사진들은 광고사진이고, 다른 사진들은 제 개인 작업이 되는 차이가 있습니다. 보시다시피 뉘앙스에 큰 차이가 있지는 않아요. 다 제 사진이니까요. 여기에서도 오줌을 싸고 있네요. 제주도에서 오름에 올라갔는데 오줌이 마렵다고 해요. 이 모든 순간이 찍어야 되는, 스위치가 켜져 있어야 하는 상황인 거죠. 아이가 핫도그를 먹고 있는 순간, 휴게소에 잠깐 들른 순간을 저는 계속 찍고 있는 거예요.

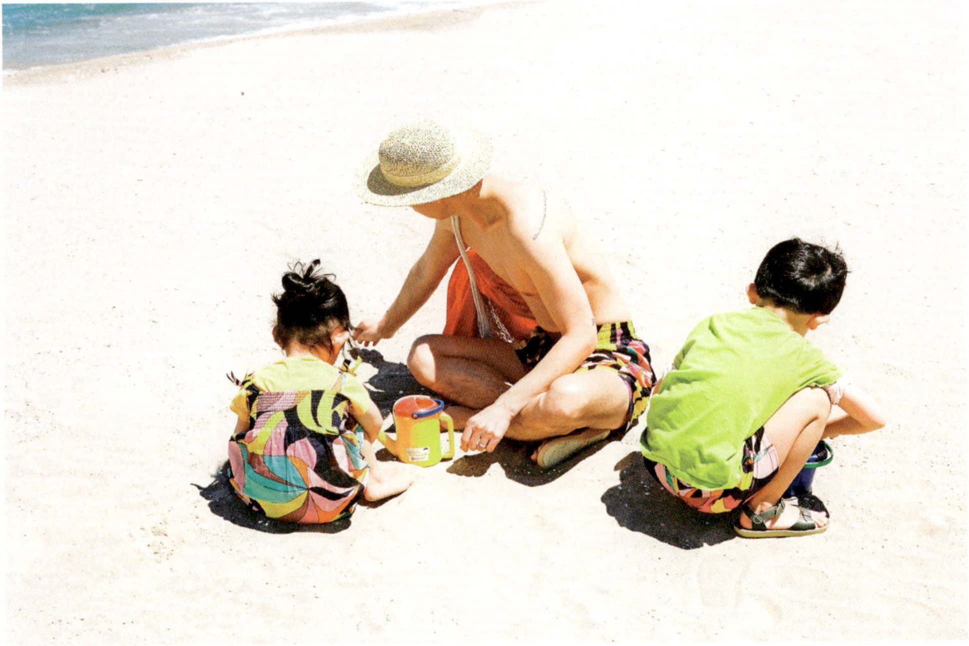

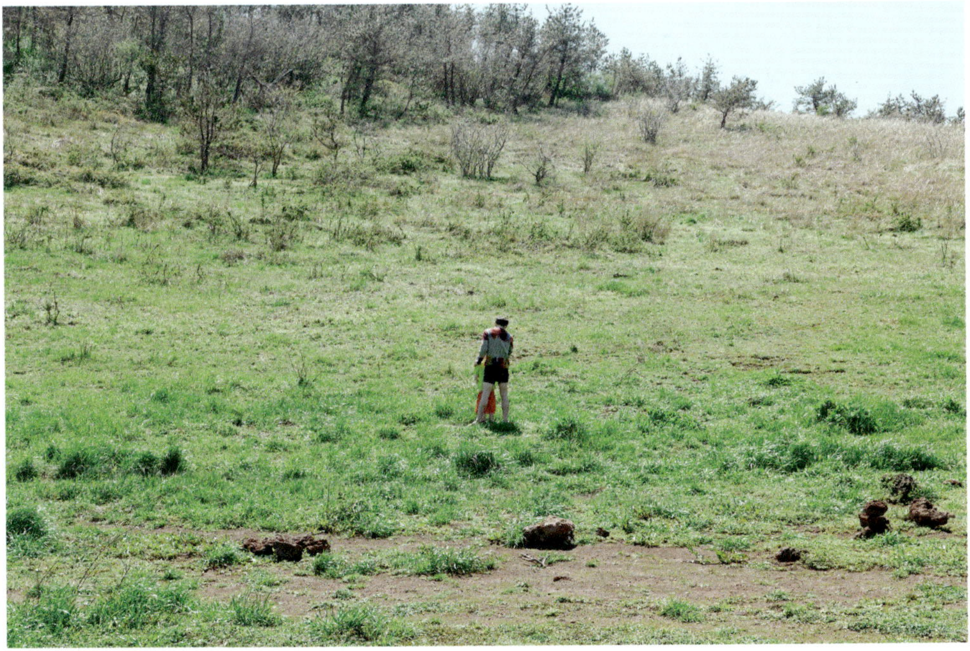

이때부터 망원렌즈를 쓰기 시작했어요. 망원렌즈는 먼 것을 가까이 찍을 수 있습니다. 너무 가까운 건 아직은 싫어요. 예전에는 멀찍이 관찰하며 찍는 스타일이었어요. 그래서 35mm 렌즈로 살짝 떨어져서 전체적인 풍경을 담아내는 편을 선호했죠. 하지만 지금은 제가 찍어야 할 피사체들이 일상의 주위에 있어요. 내가 그 속에 있으면서 찍어야 하는 상황으로 바뀐 것이죠. 그러면 당연히 렌즈도 바뀝니다. 사진은 시선으로부터 시작되는 작업이기 때문에 카메라 렌즈랑 아주 밀접한 관계가 있거든요. 그래서 내 사진이 뭔가 재미없게 느껴지거나 스타일을 바꾸고 싶으면 첫째로 렌즈를 바꾸는 게 좋습니다. 구체적으로 말씀드린다면 광각에서 망원, 망원에서 광각으로 시야를 변경해보기를 추천합니다.

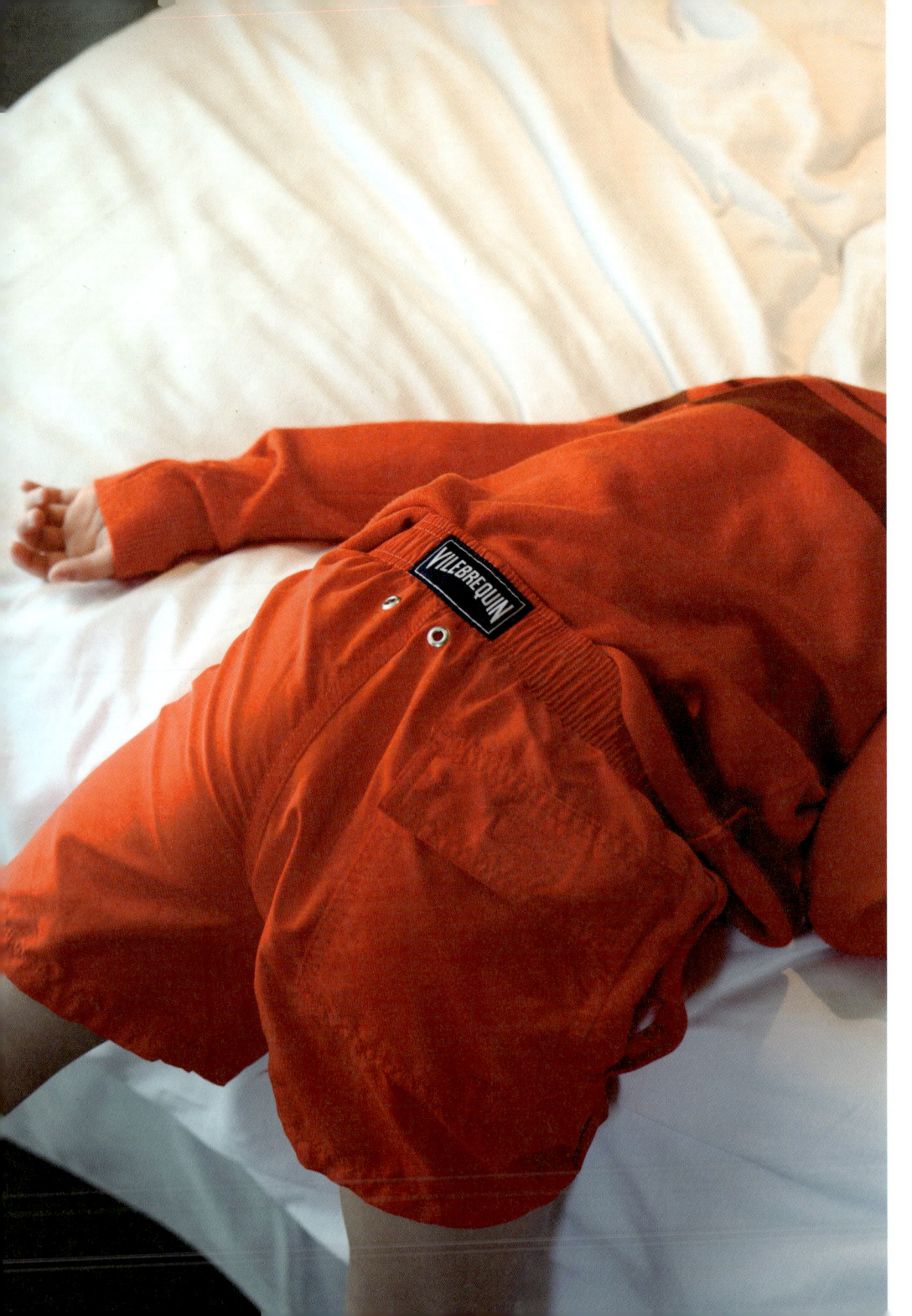

제주도예요. 물 색깔만으로도 아름다운 사진이 되었어요.

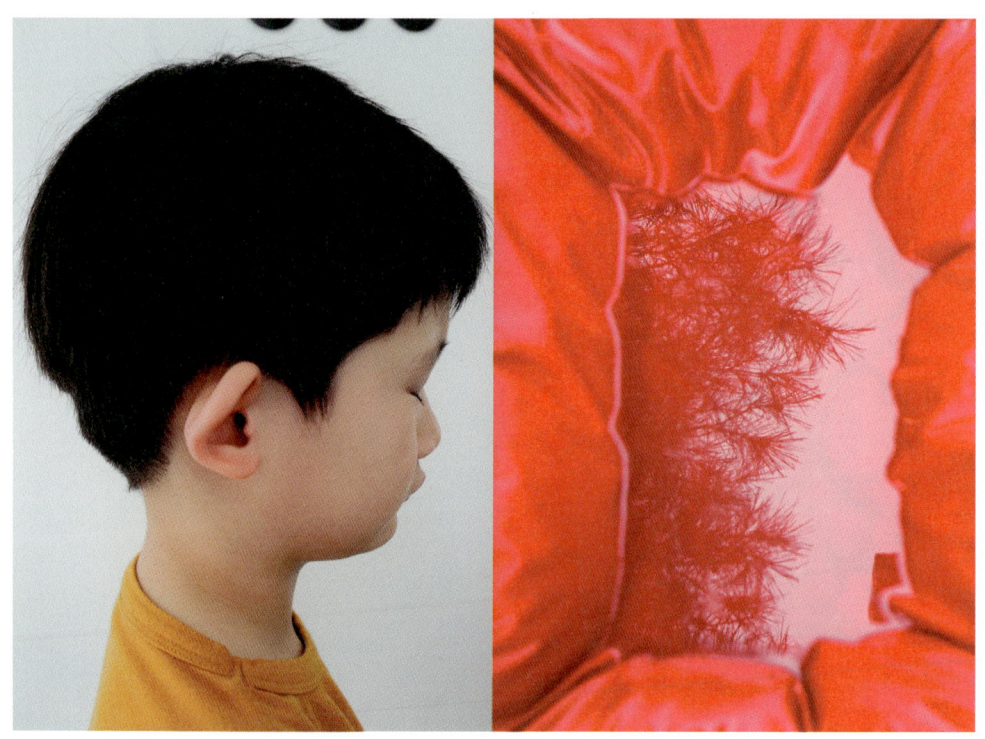

〈Casual Pieces 6〉는 '느낌표'라는 제목으로 전시를 했어요. 첫째 아이가 1학년 때 '엄마, 느낌표는 언제 쓰는 거야?'라고 물어봤어요. 그래서 설명을 해줬는데 못 알아듣더라고요. 그럼 엄마가 이미지로 보여줄게, 해서 시작된 프로젝트였고요. 원래는 최종 아웃풋을 동화책처럼 넘길 수 있는 사진집으로 만드는 아이디어였어요. 그래서 이렇게 두 장의 이미지를 한 번에 볼 수 있도록 배치했고요. 그런데 책은 나오지 않고 전시만 했죠. 한쪽은 아이들 표정, 한쪽은 그 표정이 암시하는 이미지를 함께 선보였습니다.

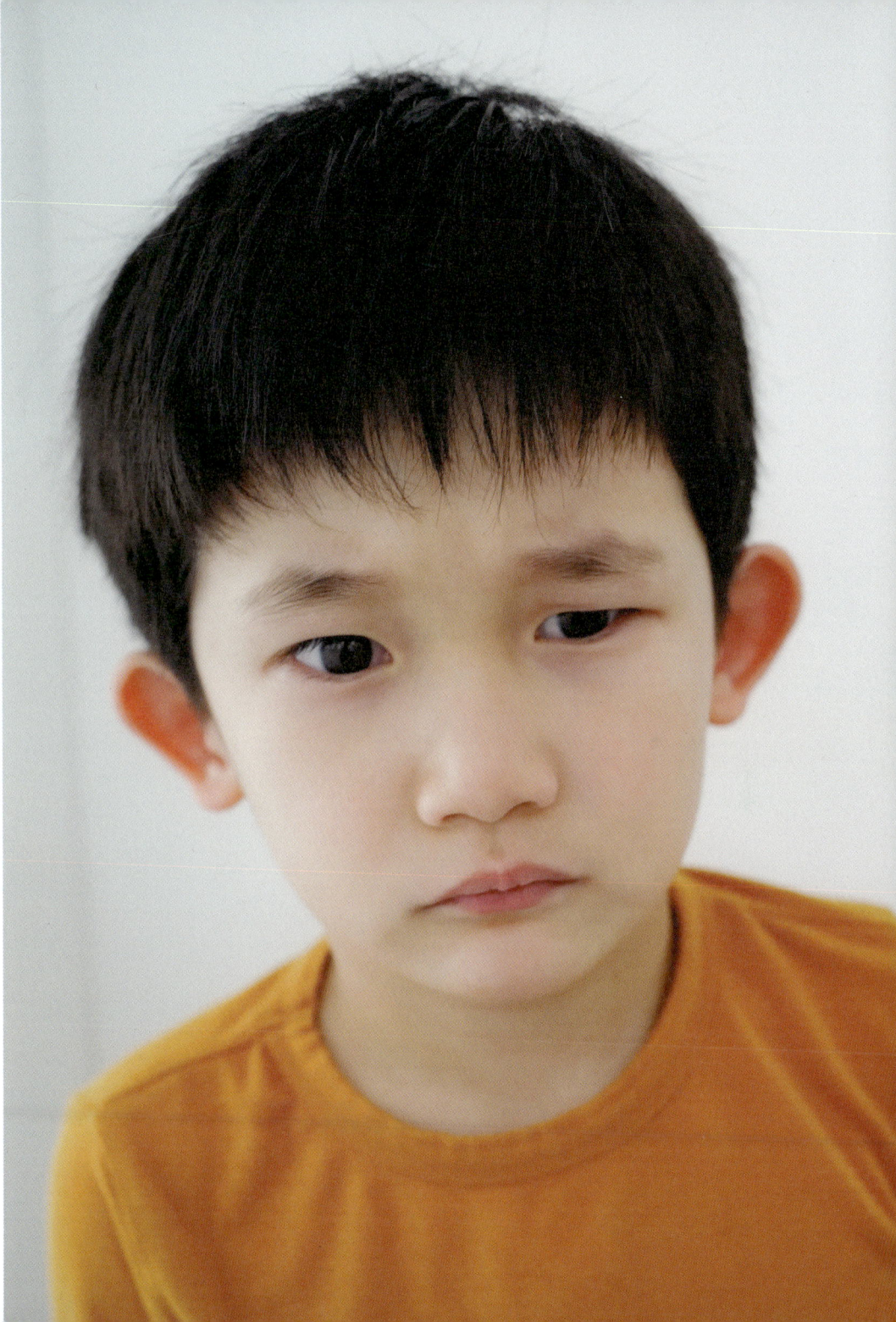

물론 아이들 허락을 구하고 찍었지만 쉬운 일은 아니었어요. 카메라를 들이대는 걸 싫어하거든요. 이렇게 자신을 강하게 표현하고 있잖아요. 제가 카메라를 들이대면 '엄마는 나쁜 엄마야, 최악의 엄마야, 달래주지도 않고' 하게 되는 거죠. 그래도 언젠가는 좋아해주면 좋겠네요.

제가 좋아하는 사진 중 하나예요. 장갑에 알갱이처럼 보이는 건 아이들이 갖고 노는 미술 재료 중 스파클링 가루예요. 둘째 아이가 놀다가 집에 뿌린 거죠. 맙소사! 치밀어 오르는 화를 참고 청소하다 순간 내 손을 봤는데 예쁜 거예요. 그럼 찍어야 합니다.

여기는 소공동인데, 이제 이 모습이 없어요. 좋아하는 동네였는데 풍경이 바뀌었죠. 사라지기 직전에 찍은 사진이에요.

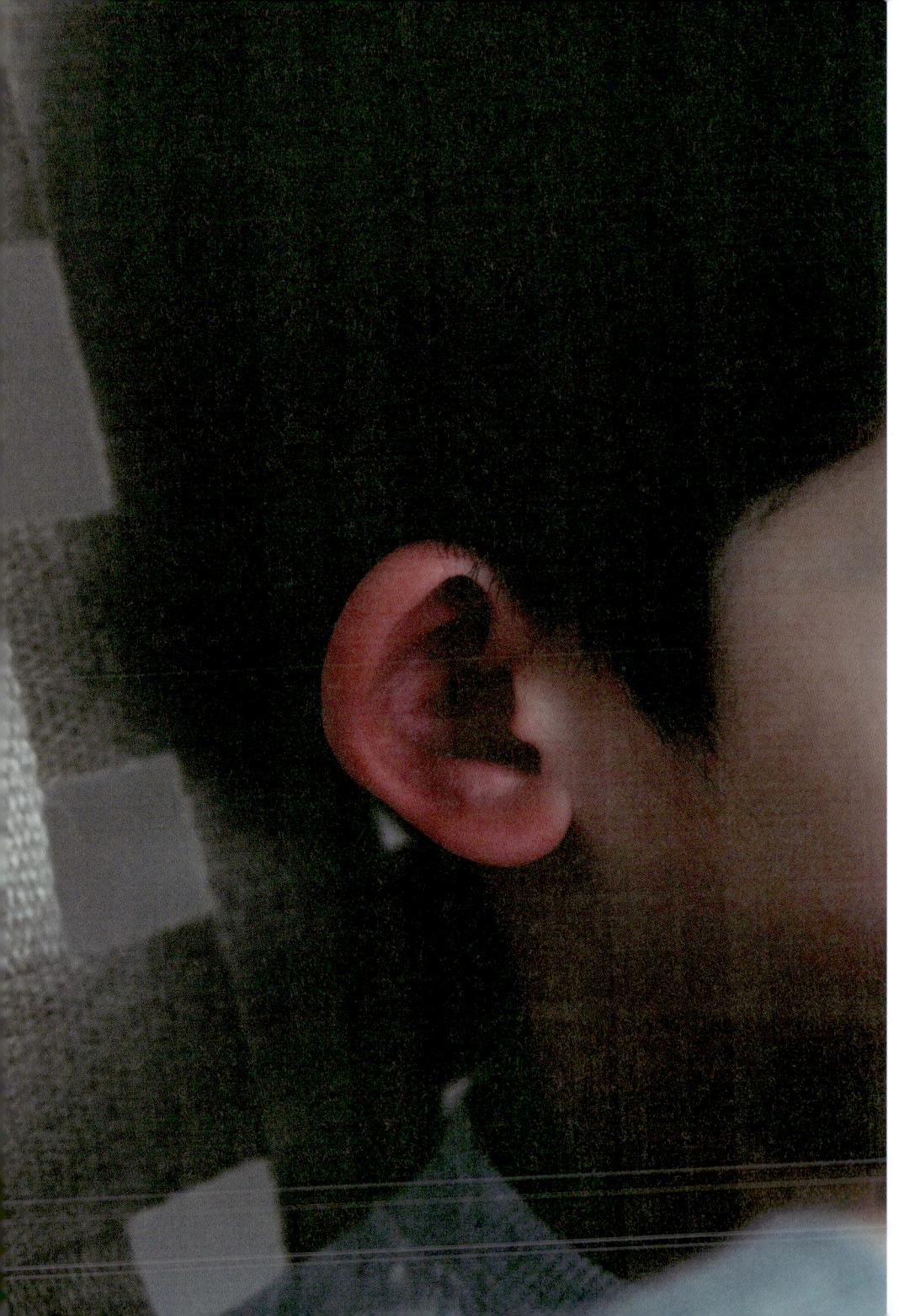

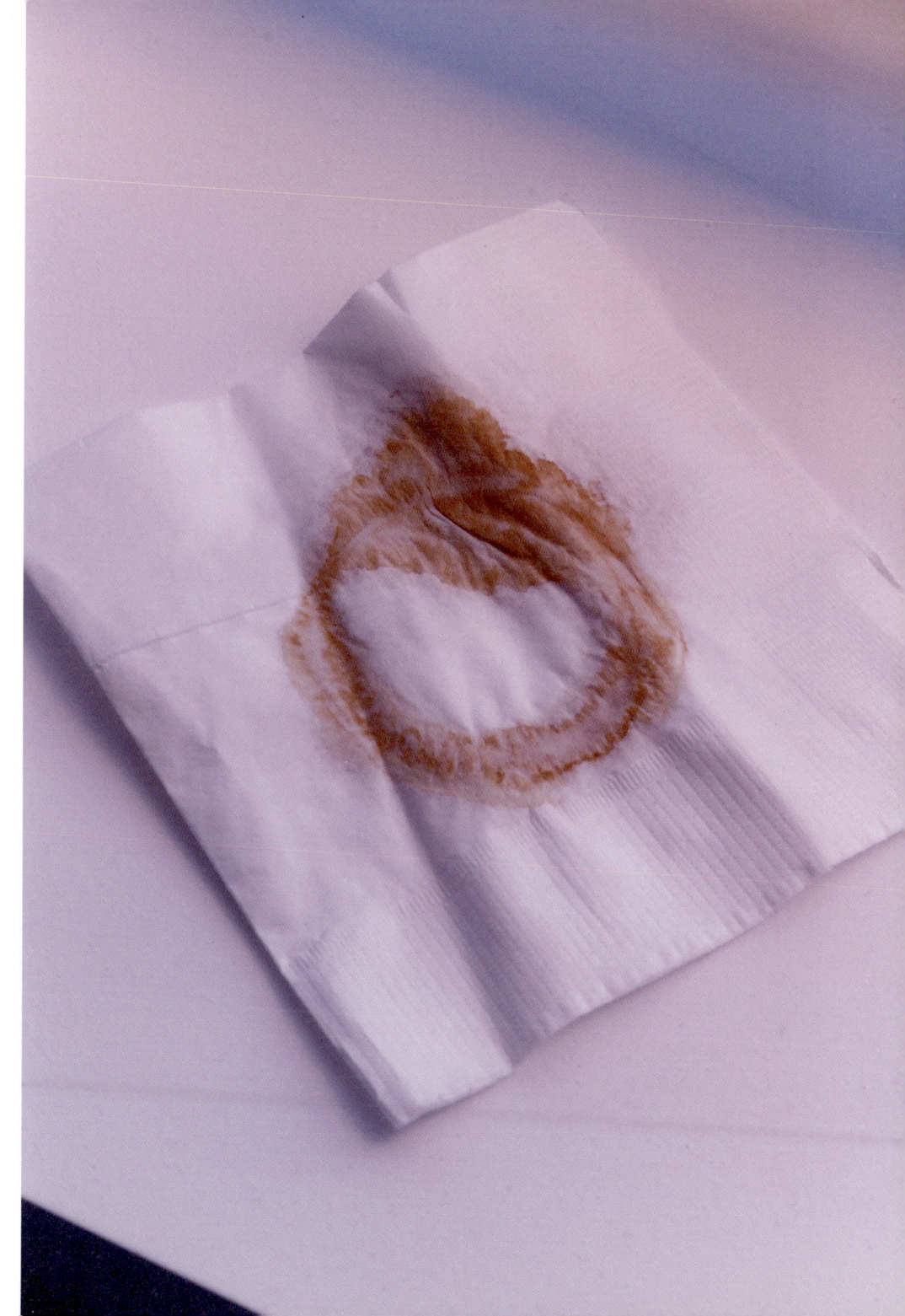

〈Casual Pieces 7〉입니다. 다시 아이슬란드 이야기를 하게 되네요. 제가 〈Casual Pieces 7〉을 찍기 전에 번아웃이 왔어요. 그 전까지 일을 정말 많이 했는데, 지쳐버리고 만 거예요. 모든 프로젝트마다 진심이어야 하고, 내 100퍼센트, 200퍼센트를 담아내야 하고, 내가 받는 금액에 부끄럽지 않은 아웃풋을 꾸준히 내야 한다는 게 힘들었어요. 그러다 재미가 없어진 거예요, 사진 찍는 게, 난데없이. 번아웃인가 처음 느꼈던 순간이었습니다.

그동안 단 한 번도 카메라를 통해 세상을 바라보는 게 재미없던 적은 없었거든요. 그런데 저에게도 큰 슬럼프가 왔어요. 다행이라고 표현하기는 미안하지만 남편이 먼저 슬럼프를 겪었어요. 그래서 슬럼프, 번아웃이 오면 사람이 어떻게 되는지 지켜봐서 대략적으로 인지하고 있는 상황이었죠. 내가 어떻게 하든, 누가 무슨 말을 하든, 시간이 필요하다는 걸 남편을 보면서 깨달았고, 그래서 저도 급하게 마음먹지 않고 기다리기로 했어요. 사실은 지금도 기다리고 있고요. 다시 예전처럼 설레고 재미있어지는 날이 오기를요.

계약을 맺고 일을 하면 100퍼센트 최선을 다해야 된다고 스스로에게 다짐합니다. 그런데 안 그러면 어때요? 사실 더 어려운 건 100퍼센트 최선을 다하지 않는 거예요. 나의 에너지를 70, 80퍼센트만 쓰고 나를 위해서 몇 프로를 남겨놓는 게 정말 어려운 일이더라고요. 거기에 대해선 누구도 얘기하지 않고 가르쳐주지도 않잖아요. 그래서 아쉽다는 생각을 했어요. 번아웃이 오기 전에 잠시 자신을 위해 돌아보는 것, 필요합니다. 번아웃을 어떻게 극복했느냐 하면 결국에는 스스로 움직였습니다. 아이슬란드에 갔어요. 딱히 전시 계획이 있었던 것도 아닌데 특별한 목적 없이 여행으로 갔죠. 라이카에서 새로운 카메라가 나온다고 해서 그걸 들고 겸사겸사 가족여행을 떠나, 하던 대로 사진을 찍었습니다.

좋은 사진을 찍겠다 혹은 어떤 결과물을 얻으면 좋겠다는 목표 없이, 다시 말해 나를 위한 여행이 아닌 가족을 위한 여행을 계획했습니다. 그러자 놀랍게도 마음이 한결 편안해졌습니다.
그래서 지금은 어떤지 묻는다면, 조금 냉정하지만 슬럼프에서 벗어나도 상황은 나아지지 않는다, 라고 저는 답하고 싶어요. 어른이 되어가는 과정인 것 같습니다. 그다음 레벨의 고난이 다른 모습으로 늘 존재하는 거죠. 매번 프로젝트마다 바뀌는 미션이 도전 의식을 불러일으켰다면, 이제는 포괄적으로 통제력과 깨달음을 필요로 하는 삶의 흐름 속에 내가 있다고 느낍니다. 여유라는 말은 얄미워요. 느긋해지고 싶습니다.

매번 프로젝트마다 바뀌는 미션이 도전 의식을 불러일으켰다면,
이제는 포괄적으로 통제력과 깨달음을 필요로 하는
삶의 흐름 속에 내가 있다고 느낍니다.
여유라는 말은 얄미워요. 느긋해지고 싶습니다.

아이슬란드에 간다고 했을 때 아이들이 제일 먼저 하고 싶어 한 것이 아이스 케이브 투어였어요. 얼음 동굴 탐험. 뭐 재미있으려나 하고 갔는데, 제가 완전히 압도당했습니다. 저도 모르게 빙하에 매료돼서 계속 사진을 찍었어요. 제가 크게 위안을 받은 지점이 뭐였는지 사진들을 보면서 생각해보면 사진 속 블랙, 저 안쪽에 보이는 스크래치들은 수천 년이 된 거예요. 그리고 하얀 상처들은 비교적 최근에 생긴 흔적들이고요. 수천, 수만 년의 시간이 레이어로 겹쳐서 하나의 시선으로, 이 한 장의 사진으로 보이는 게 꼭 저의 'Casual Pieces' 시리즈에 대한 은유 같았어요. 일상을 담고 차곡차곡 쌓아 올려온 루틴들이 이렇게 보일 수도 있어. 괜찮아, 계속 이렇게 하면 돼. 이런 위안을 줘서 깊은 감동을 받았죠.

이 사진들은 일대일, eye to eye예요. 제가 클로즈업을 하거나 가까이 가지 않고 눈에 보이는 그대로를 찍었어요. 동굴 내에 머물렀던 시간은 30분이 채 되지 않았을 거예요. 그 짧은 시간이, 장면 하나가, 사진 한 장이 깊은 울림을 줄 수 있다는 게 매우 놀라웠습니다.

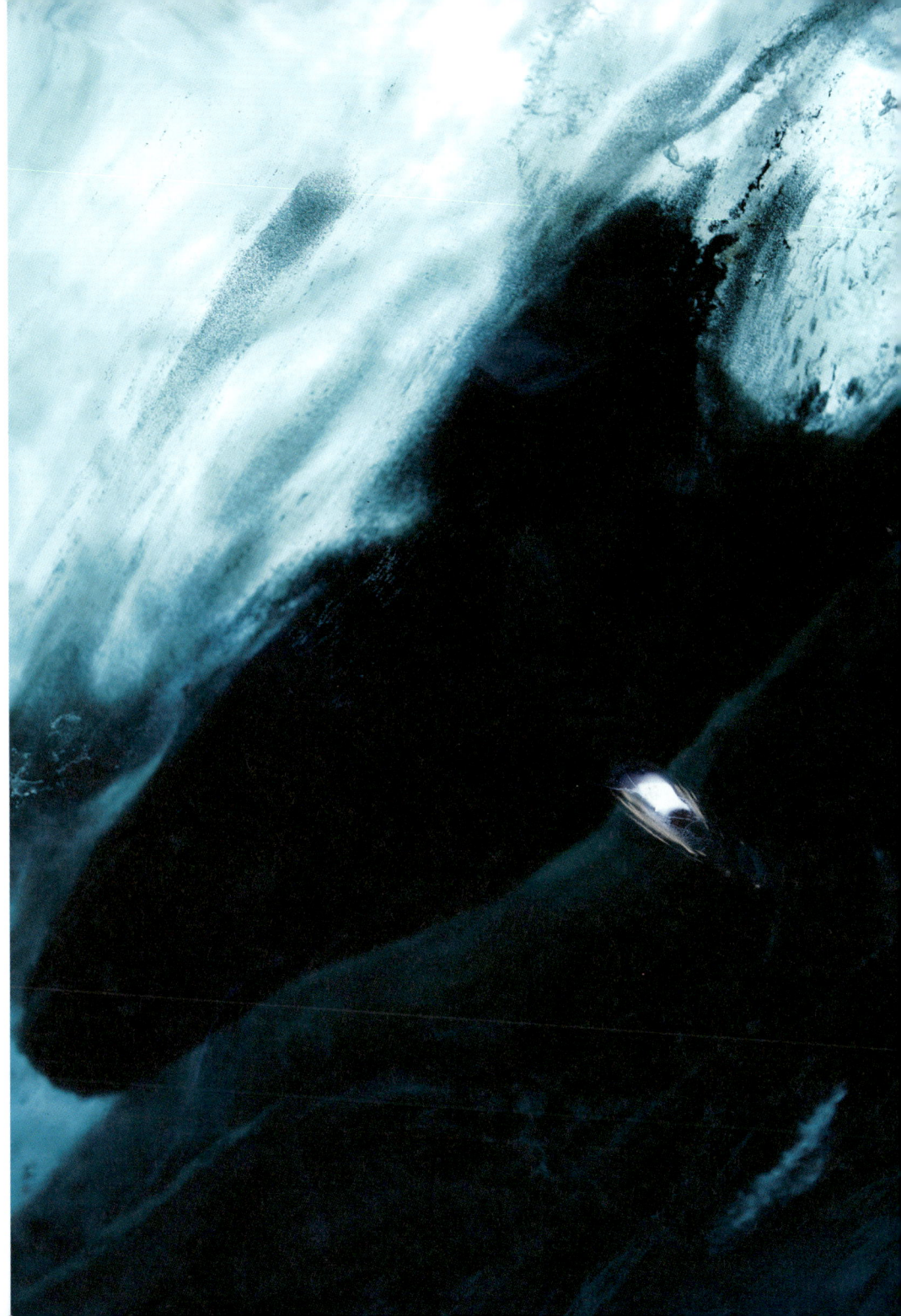

이번에는 오로라 사진이 없어요. 투어를 가긴 했죠. 오로라도 보았죠. 버스 안에 빨간 점퍼를 입고 있는 사람이 제 남편이고요. 자고 있는 애들을 깨우고 있습니다. 등을 돌려 저 계단만 내려오면 오로라가 지금 막 펼쳐져 있는데 애들이 죽어도 안 일어나겠다는 거예요. 그래서 흔들어 깨우면서 "진짜 안 일어날 거야? 안 볼 거야?" 하고 답하는 증거 영상을 찍었죠. "그래, 그럼 나중에 너희 돈으로 와서 봐라" 하고서는 남편이랑 저만 오로라를 봤어요. 가장 좋아하는 아이슬란드 사진을 한 장만 꼽는다면 저는 오로라 사진보다 이 사진을 선택할 겁니다.

이 사진은 게이시르^{Geysir}라는 간헐천입니다. 대자연을 필름으로 남기겠다는 열망은 아직 식지 않았어요. 끊임없이 찍고 있답니다.
저 스스로 궁금했어요. 이십대 때 하와이에서 찍은 게이시르와 현재 아이슬란드에서 찍은 사진이 어떻게 달라 보일까.
저는 결혼 후 아이들이 생겨서 그런지 모르겠지만 사진이 예전보다 부쩍 따뜻해진 것 같아요. 같은 간헐천인데 디지털로 찍은 것과 필름으로 찍은 것도 다르고요. 특별한 색깔이 들어 있는 사진은 특수필름을 쓰거나 필름 카메라 뚜껑을 살짝 열었다 닫아서 빛이 들어가게 하는 기법을 쓰기도 했습니다.

무엇을 드러내고 무엇을 감출까

카메라를 딱 들면 '빛'을 생각합니다. 빛을 내가 어디까지 쓸 것인가. 어둡게 할 것인가, 밝게 할 것인가. 그건 스마트폰으로 찍을 때도 마찬가지이고요. 빛을 이용해서 전체 톤과 노출 세팅을 맞추는 게 가장 먼저 하는 일입니다.

오랫동안 35mm 렌즈를 썼는데, 지금은 사람한테 가까워지려고 75mm도 씁니다. 일을 할 때는 빨리 움직여야 하니 줌렌즈를 쓰기도 해요. 그게 익숙해서 줌렌즈만 쓰다 보니 손만 움직이지 실제 피사체에 가까이 가지 않는 저를 발견하게 되었어요. 피사체에 직접적으로 가까이 다가가는가 아닌가 중요한 문제입니다. 다가가지 않으면 멀리서 바라보기만 한 사진으로, 정말로 그렇게 보입니다. 그러면 아무래도 현장감이 떨어지게 되죠. 인물 사진이라면 모델과의 교감이 크게 느껴지지 않는 것도 단점일 수 있고요.

그래서 최근에 저는 다양한 기종의 카메라에, 줌렌즈와 함께 단렌즈, 35mm, 50mm, 75mm 등을 달아놓고 그때그때 쓰려고 하는 편입니다. 제가 실제로 움직이기 위해서죠. 이런 기술적인 것, 물리적인 것, 육체적인 것 등이 촬영하는 태도에 매우 직접적인 영향을 미치고 결과적으로 무엇이 담기는지, 어떻게 표현되는지에 가닿는다고 생각해요.

작업할 때는 일하는 태도만큼이나 나의 성향을 파악하는 것도 중요하죠. MBTI로 이야기를 해볼까요. 전 ISTJ입니다. J가 judgement의 약자잖아요. 저는 판단하고 안전하다고 느끼면 움직입니다. 그런데 사진 찍을 때 판단하는 제 자신이 너무 싫더라고요. 꼭 마치 '답정너' 같은 사진을 찍게 되는 듯해서요. 이건 이거잖아, 라는 식의 사진이 세상에서 제일 재미없다고 생각했는데 제가 그런 사진을 찍고 있는 것만 같았죠.

어떻게든 탈피해보려고 다양하게 노력을 하는데 어렵습니다. '프레이밍'이라는 것이 긍정적으로 쓰일 수 있지만 현대 사진은 찍는 과정이 곧 결과물이 아니기 때문에, 다시 말해 셀렉과 편집 등의 후반 과정을 동반하기 때문에 저는 찍는 1차 과정에서 너무 프레이밍을 하지 않으려고 합니다. 그러면 어쩔 수 없이 제한되거든요. 하지만 아무리 제한을 두지 않으려고 해도 제 눈은 끊임없이 선택 속에서 프레이밍을 하고 있습니다. 그게 또 사진예술이니까요.

"예술은 완벽을 추구하거나 타인에게 찬양받기 위한 수단이 아니라 내가 누구인지 발견해나가는 과정이다. 당신의 영혼이 숨 쉴 수 있도록 도와주는 것이다"라고 오드리 헵번이 얘기했습니다. 공감 가는 말입니다. 내가 내 속도로 살아가겠다는데, 내 스타일로 작업하겠다는데, 정작 나는 왜 자꾸 힘들게 느끼는지 생각해보게 됩니다.

타인에게 피해를 주지 않는다면, 내 영혼이 쉴 수 있게 나의 속도로 가는 것, 바라보는 것, 그게 정말 중요하다는 생각이에요. 나를 위해 하는 거잖아요. 그 누구도 아닌 나를 표현함으로써 안정을 찾고, 내가 또 나의 원동력이 되어 움직이고 반복하게 되죠. 흐름 속에, 과정 속에 어떤 지표를 찍을 뿐 그것이 옳다 그르다 혹은 좋다 나쁘다 할 수 없어요. 무엇을 표현할지, 무엇을 감추고 싶은지는 내 자신의 정체성과 성향, 스타일에 달려 있는 것이죠.

제가 실제로 움직이기 위해서죠.

이런 기술적인 것, 물리적인 것, 육체적인 것 등이

촬영하는 태도에 매우 직접적인 영향을 미치고

결과적으로 무엇이 담기는지, 어떻게 표현되는지에

가닿는다고 생각해요.

작업할 때는 일하는 태도만큼이나

나의 성향을 파악하는 것도 중요하죠.

내 영혼이 쉴 수 있게 나의 속도로 가는 것, 바라보는 것,

그게 정말 중요하다는 생각이에요.

나를 위해 하는 거잖아요.

그 누구도 아닌 나를 표현함으로써 안정을 찾고,

내가 또 나의 원동력이 되어 움직이고 반복하게 되죠.

흐름 속에, 과정 속에 어떤 지표를 찍을 뿐

그것이 옳다 그르다 혹은 좋다 나쁘다 할 수 없어요.

질문들

하시시박 작가님이 존경하고, 좋아하는 사진가를 알려주세요.

제가 좋아하는 포토그래퍼를 두 명으로 추려보겠습니다. 한 분은 유르겐 텔러Juergen Teller입니다. 메인 하우스 브랜드들 광고사진을 찍는 독일 아저씨고요. 왜 좋아하냐면 이분이 사진을 찍을 때 태도가 정말 상쾌해요. 이분 사진은 무슨 상황이든 산뜻해요. 저는 그게 부럽더라고요. 어떻게 하면 저런 사진을 찍을 수 있을까. 유르겐 텔러 스타일은 누구나 따라 할 수 있어요. 테크닉 매뉴얼은 아마 간단할 거예요. 그런데 정말 이분처럼은 아무도 찍지 못하는 것 같거든요. 그 차이는 뭘까 생각했을 때 일상적으로 지닌 삶을 바라보는 태도, 그 라이트함인 듯합니다. 상쾌한 라이트함을 저도 가질 수 있다면 좋겠어요. ISTJ라서 힘들지만, 그렇게 되길 바랍니다.

또 한 분은 역시 독일 사람으로, 유르겐 텔러와 같은 연배인 볼프강 틸만스Wolfgang Tillmans라는 작가입니다. 사진을 보면 강박적인 사람이라는 게 느껴져요. 매우 일상적이고 유연한데 그 안에 어떤 강박이 있습니다. 유르겐 텔러와는 정반대죠. 그래서 너무 좋습니다. 이분은 본인의 그런 면을 벗어나기 위해서 아무 목적 없이 한 달에 한 번 자신이 호스트가 되어서 파티를 연다고 해요. 좋은 아이디어죠. 저도 그러고 싶습니다. 그런 계획을 갖고 있어요. 스트레스, 강박을 풀고 숨 쉴 수 있는 구멍을 스스로 마련하는 건 소중하고 중요합니다.

하시시박 작가님과 봉태규 배우님 인스타그램을 팔로우하면서 사랑에 대해 생각했습니다. 가족의 느낌이 너무 좋구나 했지요. 사랑에 대해서 해주고 싶은 얘기가 있으신지 궁금합니다. 사진 속에서도 사랑에 대한 경험들을 보여주셔서 조언해주실 철학이 있을 듯해요. 또 하나의 질문은 이십대에 여행을 많이 하고 자유로운 삶을 경험하면서 포토그래퍼를 직업으로 선택하셨잖아요. 지금은 가족관계 안에서 새로운 삶을 경험하시는데, 앞으로 또 다른 진로를 꿈꾸고 계신지 방향을 알고 싶어요.

두 번째 질문에 대해 먼저 답을 드리면, 초등학교 5학년 때 영화감독이 되고 싶었어요. 성인이 되어서까지 계속 영화 공부를 했으니 꽤 오래 꿈꾸었죠. 고등학교 1학년 한 학기를 채 다니지 않고 자퇴를 했어요. 원하는 공부를 하고 싶었거든요. 내가 찾은 나의 장래 희망, 영화감독이라는 꿈을 오랜 기간 놓지 못했어요. 놓을 수 없었어요. 그걸 이유로 자퇴했기 때문에요. 이미지를 만드는 것, 이미지로 스토리텔링을 하는 일에 깊은 관심이 있어서 결국에는 이미지 작업을 하는 사람이 되었어요. 제가 사람과의 관계 맺음을 어려워해서 어떤 조직에 들어가거나, 리더가 될 수 있는 재목은 아니라는 걸 깨닫기도 했거든요. 나는 혼자서 일을 컨트롤하고 싶어 하는 사람이구나. 그런데 영화는 복잡한 협업이잖아요. 영화 쪽 일보다는 훨씬 콤팩트한 직업이 더 적성에 맞겠다고 생각했어요. 그러다 보니 패션 필름이나 전시장에서 상영하는 비디오를 가내수공업으로 만들기 시작했고 사진 촬영과 함께 스튜디오를 운영하게 되었습니다.

내가 뭐가 되고 싶은지 생각하는 것보다 내가 관심 있는 게 무엇인지를 정교하게 생각하는 게 좋을 듯합니다. 직업을 정할 때 세분화해서 고민하면 오히려 할 수 있는 일의 범위가 더 넓어져요. 이건 아주 중요한 지점인데 누군가 말해주었다면 조금 더 자신감을 갖고 일을 시작할 수 있었을 것 같아 아쉬워요. 너무 세세하게 이것저것 정해놓으면 어쩐지 일을 구하기가 더 까다로울 것 같잖아요? 사실은 그렇지 않아요. 내가 나를 세세하게 파악해놓으면 그만큼 컨트롤하기 쉬워지고 깊이가 생깁니다.
그리고 사랑은, 잘 모르겠어요. 사랑에 빠지는 순간은 그냥 아는 것 같아요. 누구나 누가 가르쳐주지 않아도 사랑에 빠지는 순간을 느끼지 않나요. 모른 체하고 싶을 뿐이지. 모른 체하려고 할 때, 그게 바로 사랑에 빠진 것이더라고요. 우리 부부는 첫눈에 반해서 바로 프러포즈하고, 결혼을 했어요. 꿈같은 일이 일어났죠. 하지만 모든 사람들이 그런 모습의 사랑을 하는 것은 아닙니다. 부러워할 필요는 없는 거죠. 사랑은 매일매일 물 마시듯이 필요한 일이고, 사랑을 배우는 것도 매일매일입니다. 능숙한 사람은 어디에도 없어요. 사랑을 하는 법. 뭔가 제대로 사랑하고 싶을 때 서두를 필요가 없어요. 섣불리 사랑이라고 단정 짓거나 혹은 두려워할 필요도 없고요. 서두르지 마시되 다양한 경험을 하시면 좋겠습니다.

어떤 순간, 느낌을 포착했을 때 찍어야겠다고 생각하시나요.

두 가지 기준이 있어요. 이거 찍어야 되나, 안 찍어도 될 것 같은데, 나중에 안 쓸 것 같은데, 그러면 일단 찍어야 되고요. 그리고 진짜 찍어야 되는 순간에는 생각할 필요도 없이 찍게 됩니다. 보는 그 순간 알아요. 싱크대에 가득 있던 컵 사진을 예로 들면 사실 키워드는 빛이라는 것을 알게 됩니다. 장면에 자연광이 한 스푼 더해질 때 저는 카메라를 들게 되는 편입니다. 그래서 사실은 제가 사진을 찍는 시간대는 정해져 있어요. 이른 아침이거나, 오후 4시 무렵입니다. 그림자가 길어질 때, 그 시간대를 좋아합니다.

작업에 영감을 얻기 위해 다른 사진 작품을 많이 보시는지 궁금합니다.

방금 전에 마음산책 사무실 책장에서 박찬욱 감독님의 〈헤어질 결심〉 포토북을 보았어요. 그 영화를 좋아하는데 사진집은 보지 못했어요. 영화가 너무 좋은데 사진으로 다시 볼 필요가 있을까 생각했었죠. 그런데 표지 사진이 멋있어서 펼쳐봤더니 책이 정말 좋았습니다. 당연한 얘기지만 영화의 영상미와는 다른 매력이 있었습니다. 많이 보고 많이 찍는 것은 중요합니다. 가장 좋아하는 것은 그림입니다. 페인팅 중에서도 드로잉을 좋아합니다. 마티스의 드로잉을 특히 좋아해요. 마티스의 앵글감은 생생하지만 주관적입니다. 시선이 총체적이지만 그렇다고 관조적이지는 않습니다. 프랜시스 베이컨의 그림들도 무척 좋아하는데 포트레이트 작업에 도움이 됩니다. 캐릭터를 어떻게 깔끔하면서도 정형화되지 않은 구도로 포착할 수 있을까 고민할 때 주로 참고합니다.

상업적인 작업과 개인 작업을 어떻게 구분하며 일하시는지 궁금합니다.

커머셜은 최종으로 쓰일 사진을 제가 선택하는 건 아닙니다. 클라이언트가 선택합니다. 저는 늘 클라이언트의 요구에 100퍼센트 맞추려고 노력하고요. 찍어서 1차 셀렉션을 만들고 파이널 후반

| | 작업까지를 제가 맡습니다. 상업적으로 찍은 사진들을 개인적인 작업으로 사용할 수 있는 경우는 극히 드뭅니다. 의뢰 자체가 저의 개인 전시를 위한 포맷이라면 가능하지만 엄연히 따지자면 커머셜한 용도를 지니고 있으니 개인 작업이라고 할 수 없을 것 같아요. 개인전을 준비하거나 기획된 전시를 위해 작업할 때 외에는 대부분 상업적인 목적을 가지고 카메라를 듭니다. |

운동을 열심히 한다고 하셨잖아요. 어떤 운동을 하시는지, 피부 관리는 어떻게 하시는지 공유해주세요.

필라테스를 거의 10년 넘게 했는데 노화 속도에 비해 근육이 그만큼 빨리 생기지 않더라고요. 직업병인 목 통증이 깔끔하게 나아지지도 않았고요. 사십대에 들어서니 근력운동을 해야 되겠다 싶어서 PT를 일주일에 두 번 받습니다. 마흔이 넘으면서 실감한 건 더 운동하고 더 적게 먹어도 살이 안 빠진다는 거예요. 물론 살을 빼려는 건 아니지만 유지가 안 돼요. 유산소운동도 병행합니다. 그래서 달리기를 시작했어요. 남편이 달리기를 좋아해서 저도 그 기분을 알고 싶더라고요. 학창 시절 체력장 오래달리기에 대한 끔찍한 기억을 저만 갖고 있는 건 아니죠? 사실 그걸 극복하고 싶기도 했고요. 그랬는데 역시나 어려워요. 빨리 달리지 않으려고 노력하면서 틈날 때마다 달리고 있어요.

피부 관리는 따로 받지 않아요. 가끔 마사지를 받는 정도인데 지금은 오랜만에 메이크업 전문가의 손길을 받아 좋아 보이는 겁니다.

'박원지'와 '하시시박' 스위치에 대한 얘기를 해주셨는데, 인간 박원지는 무엇을 표현하고 무엇을 감추고 싶으신가요?

약점을 감추고 싶죠. 이렇게 많은 분 앞에서 이야기를 하는 것이 너무 힘듭니다. 걱정도 많이 되고요. 제가 하는 말로 인해 가족한테 혹은 내가 사랑하는 사람한테 피해가 가거나 그럴 수 있잖아요. 그런 상황에 놓인 적도 있고요. 그래서 조심하려는 편이에요.
저는 솔직하게 이야기하는 스타일이에요. 직관적으로 떠오르는 대로 말하죠. 그게 장점이자 단점이에요. 그래서 좋은 모습을 보이려 말을 골라야 하는 상황이 어렵습니다. 인간 박원지보다는 포토그래퍼 하시시박의 작품으로 더 잘 표현하고 싶어요.

영화감독이 되고 싶어서 고등학교 1학년 때 자퇴하셨잖아요. 제도권 밖에서 공부를 시작하셨는데 어떤 방법으로 공부하셨는지 궁금합니다. 영화 문법과 사진 문법이 다를 텐데 진로를 바꾸는 과정에서도 고민이 많으셨을 것 같아요.
또 한 가지 질문은 봉태규 배우님 에세이 표지에서 배우님 표정과 아이를 안은 따뜻한 느낌이 좋았어요. 사진 촬영 때 어떻게 디렉팅하시나요.

디렉팅은 최대한 하지 않으려고 노력해요. 나도 어색하고 모델도 어색하잖아요. 그 어색함을 최대한 줄이는 게 잘 찍는 방법이라는 걸 누구나 잘 알죠. 그래서 주로 뭘 하나요? 모델을 벽 앞에 세우게 돼요. 그러면 스타트로는 나쁘지 않은데 거기에서 빨리 벗어나야 좋아요. 피사체랑 나랑 벽 앞에서 벗어나야 해요. 그래야 더 교류가 활발한 상호적인 느낌이 살아 있는 사진을 얻을 수 있어요. 일반인 모델일 경우에는 '360도 돌아보세요' 할 때도 있어요. 정말 뻣뻣하신 분들한테는 그렇게 직접적인 디렉팅이 효과적일 때도 있습니다. 어디에 있다고 상상해보세요, 내 옆에 사랑하는 누가 있다고 떠올려보세요, 같은 언급은 그다지 좋은 결과로 이어지지 않아요. 즉각적인 몸의 움직임을 끌어낼 수 있는 디렉팅이 좋습니다.

제도권 밖에서 공부하는 동안은, 영화를 그냥 정말 많이 봤고요. 영화를 보면서 스토리텔링보다 영상의 비주얼에 관심을 더 두었던 것 같아요. 사실 영화를 하고 싶었던 이유는 음악을 좋아해서입니다. 음악과 이미지가 합쳐졌을 때 생기는 그 효과, 감정적인 효과가 너무 좋아서 영화라는 장르를 선택했는데, 제가 영화를 하고 싶었던 시절에는 영상이 지금만큼 다양하게 세분화되어 있지 않았어요. 그래서 내가 하고 싶은 게 뮤직비디오인지 광고인지 아니면 상업영화인지 단편인지 혹은 갤러리에서 트는 영상인지 이런 것들을 잘 모른 채 뭉뚱그려진 상태였죠. 그걸 세분화하다 보니 나한테 맞는 게 사진이라는 걸로 좁혀졌어요. 영화와 사진의 장르적 문법에 있어서는 이미지의 세로와 가로 촬영, 그런 물리적인 차이 말고는 크게 어려움은 없었어요.

나를 외부에 알릴 때 어떤 걸 드러내고 어떤 걸 감춰야 될까를 고민하고 있어요. SNS도 해본 적이 없는데요. 주위에서는 어떤 프로젝트를 어떻게 진행했는지 결과물과 더불어 작업자 자신을 알려야 한다고들 합니다.

이 점을 고민하시는 분들이 많습니다. 내가 일하는 직종을 떠나서 자신을 드러내는 게 자연스러운 시대죠. 저는 어렸을 때 플리커에 사진을 올리면서부터 어디까지 오픈할지 판단했기 때문에 이제는 크게 고민하지 않습니다. 요즘엔 아이들이 있으니까 사생활을 어디까지 드러낼지 남편과 많이 얘기하는 편입니다. 질문하신 분은 무슨 일을 하시죠?

여러 가지 자체 브랜드를 만들기도 하고, 다른 브랜드를 유통하거나 행사를 기획하기도 합니다.

그러면 조금씩 나 자신을 알려야겠네요. 용기를 내보시길 추천합니다. 남편이 가끔 이런 말을 합니다. "사람들은 생각보다 나한테 그렇게 크게 관심이 없어." 대중의 관심을 필요로 하는 직업을 가진 사람의 말이니 설득력 있게 들렸어요. 나 자신을 드러내면 큰 문제가 생길까 봐 두렵지만, 세상이 그렇게 나만 보고 있지 않더라고요. 내가 하는 일의 내면과 나 자신을 보여주자는 생각으로 조금씩 오픈해도 괜찮다고 봐요. 좋은 일이 생길 수 있잖아요. 흐름을 만들어가는 건 다른 사람이 아닌 바로 나 자신이니까요. 에너지를 가둬두지 말고 움직이게 두세요.

저는 사진 찍는 일을 하고 있어요. 그리고 남자친구와 3년간 로드 트립을 해서 작가님 작업을 보면서 공감하는 부분이 많았어요. 언젠가 작가님의 로드 트립 영상을 봤거든요. 젊고 에너지 넘치고 확실히 남다른 느낌을 받았어요. 그런데 사람을 어려워하고, 별로 안 좋아한다고 하셔서 놀랐어요. 로드 트립은 사람과 24시간 같이 지내야 하니까요. 세 남자 친구와 어떤 인연으로 로드 트립을 하게 되었고, 또 아직도 만나고 계신지 궁금합니다.

세 사람 중 한 명은 엑스고요. 그 당시에도 이미 엑스였어요. 나머지 두 명은 친구였습니다. 모두 사진을 찍는 포토그래퍼였어요. "여행하는데 올래?" 하는 가벼운 제안에 사진 찍을 욕심이 생겨 바로 합류했죠. 두 명은 미국 친구들이고 한 명은 호주 친구인데, 지금은 연락을 안 합니다. 다들 사진 작업을 그만둔 것도 같아요. 당시엔 제가 영화 전공으로 대학원에 다닐 때였는데, 모두 이미지에 빠져 있던 시기여서 무척 재밌었어요. 자유롭고요. 포토그래퍼 넷이 모였으니 촬영 경쟁이 정말 치열했습니다. 조금만 눈에 띄는 게 포착되면 서로 먼저 찍겠다고 했죠.

저는 하시시박 작가님을 만난다기보다는 박원지 님을 만나러 왔어요. 박원지 님을 더 좋아합니다. 인스타그램 스토리를 즐겁게 보고 있어서 좋아하는 장소나 오브제, 요즘 관심 두신 것들이 궁금합니다.

저는 관심 있는 게 별로 없어요. 무관심한 편이에요. 그래서 가까운 사람들이 상처받을 때가 생겨요. 너는 정말 너만 생각하니, 하는 얘기도 듣습니다. 그런데 저는 저한테도 딱히 관심이 있는 것 같지 않아요. 무언가에 감정적으로 빠져드는 스타일이 전혀 아니에요. 냉정하고 염세주의적인 면이 강하고 세상에 대해서 차가운 시선을 유지하는 편입니다. 저의 쌔한 사진을 많이 보셨죠? 제가 그런 본성을 가지고 있는 것 같아요. 박원지는 현실적인 사람인데 반해 하시시박은 그래도 조금 따뜻한 구석이 있나 봐요. 사진에서 따뜻함을 느끼시는 분들이 많더라고요. 처음 이런 피드백을 들었을 때는 말도 안 된다고 여겼는데 요즘에는 어쩌면 내 안에서 찾은 안정된 밸런스가 아닐까 생각합니다. 너무 한쪽으로 치우치지 않기 위해서요.

요즘 관심 있는 거? 요리하는 거. 맛있는 거 좋아해요. 그리고 최대한 자연스럽고 건강하게 나이 들어가는 것에 관심 있습니다. 오랫동안 자연을 사랑해서 애정이 깊어지는 과정이 아닐까 생각해요. 토질이 좋거나 비옥한 땅을 보면 설레고 흥분이 되거든요. 자연이 나한테 말을 걸고 있는 느낌이죠. 자연의 움직임, 색깔, 톤, 그런 것이 좋아요. 최근에는 아이들 덕분에 더 그런 경험을 접하는 상황이 생겨요. 일상을 쳐내면서 살다가도 애들이 뜬금없이 별을 보고 싶다 그러면 천문대에 가는 거예요. 가서 토성을 봤어요. 그러곤 내가 이런 걸 좋아하는 사람이구나, 자연에 관심이 지대한 사람이구나 깨달았죠. 저는 우주의 섭리에 관심이 많습니다.

취향은 어떻게 다듬어가시나요.

취향은 솔직하게 말씀드리면, 이미 예상하실지도 모르겠지만 저는 이거 싫어, 이거 싫어, 이거 싫어, 그렇게 쳐내면서 만들어진 사람입니다. 혼자 살 때는 너무나도 괜찮았어요. 아무 문제 없었거든요. 그런데 아이들이 생기니까 이런 제가 너무 싫은 거예요. 아이들 앞에서 엄마 그거 정말 싫어, 그러는 모습이요. 회의적이고 염세적이고 부정적인 내가 작업에는 나쁘지 않은 영향을 미쳐왔는데, 갑자기 새로운 사랑이 나타나면서 나를 바꿔보고 싶어졌죠. 말투, 단어 선택을 바꾸려고 남편이랑 같이 계속 노력하고 있어요. 그리고 작업 결과물들이 하나의 스타일로 보일 수 있는 방법은 나한테 집중하면 되는 것 같아요. 사진은 사실은 단순해요. 기계는 내가 컨트롤하잖아요. 내 시선은 내 마인드가 컨트롤을 한단 말이죠. 그게 이 작은 기계를 통해 고스란히 담겨요. 여러분도 여러 사진들, 이미지들을 보시면 느끼시겠지만 좋은 사진은 누구나 다 좋다고 생각하고 금방 알아볼 수 있어요. 그러니까 내가 마인드를 집중해서 좋은 마음을 갖도록 노력하는 것이 중요합니다. 찍을 때 어려운 건 내가 인지하기도 전에 피사체를 판단해버리는 순간이거든요. 그걸 조심하셔야 해요. 찍을 때 끊임없이 괜찮다고 생각하세요. '어떡하지?' 걱정하면 다 드러나요. 계속 움직이면서 나의 긴장도를 풀고, 섣불리 판단하지 마시고, 급하게 작업하지 마시고, 피사체와 얘기를 충분히 나누시면 좋겠습니다.

작가님들이 공들여 찍은 사진 작품을 SNS를 통해 가볍게 소비하는 요즘 문화에 대해 어떻게 생각하시는지요.

SNS는 SNS예요. SNS에서 소비되는 방식이 있고, 그게 싫으면 다른 매체로 보여주면 되죠. 큰 종이에 프린트해서 질감을 느낄 수 있는 사진은 정말 다르거든요. 그렇게 보시는 게 좋죠. 사이즈에 상관없이 인화를 해보세요. 내가 이 사진이 좋다면 인화를 해보시면 금세 느끼실 거예요. 만약 비주얼 관련 일을 하신다면 꼭 인화해서 실물을 만져보시면 좋겠습니다.

사진에서 껌 자국이나 나뭇잎 같은 요소를 많이 지운다고 하셨는데요. 그럼 순간에 대한 온전한 포착이 아닌 것은 아닐까요. 아름다운 것만을 포착해야 한다고 생각하시는지 궁금합니다.

맞아요. 많이 지우는 과정이 있었어요. 그런데 지우더라도 그 사진을 찍는 순간은 지워지지 않아요. 완벽한 순간이 있을 수 있지만 거의 없더라고요. 그래서 계속 찍어야 되고요.
저는 요즘에 사진 찍을 때 나는 보고 있지 않다고 생각해요. 나는 보고 있지 않고, 보이지 않는데 그냥 일단 찍어, 라는 자세로요. 제가 기존에 갖고 있던 구도나 습관적인 시선에서 최대한 벗어나려고 끊임없이 노력합니다. 아름다움의 기준은 다양하니까요.

2

관계를 어떻게 맺을까

조직에 속해 있지 않은 프리랜서는 나 자신만 잘하면 일의 결과가 좋을 것 같지만 일을 하다 보면 그렇지만은 않다는 걸 금세 알게 되죠. 제가 맺고 있는 인간관계란 지극히 좁습니다. 만났던 사람만 자주 보는 스타일이어서요. 제일 자주 만나고 대화하는 사람은 당연하게도 남편이고요. 새로운 관계를 맺기가 점점 더 어렵습니다.

하지만 일을 할 때, 내가 만났던 사람만 만날 수 있나요. 저의 모델은 대체로 처음 뵙는 분들입니다. 모르는 사람의 매력을 최대한 짧은 시간에 찾아 A컷을 찍어야 한다? 역시나 어려운 일입니다. 어떤 사람의 매력을 단시간에 파악하고, 표현해낸 결과물로 성과를 내야 하죠.

저는 제가 포토그래퍼로서 촬영하는 경우와 모델로서 찍히는 두 가지 경우를 번갈아 경험해왔습니다. 매우 운이 좋았죠. 특별한 케이스라고 생각합니다. 그래서 찍고 찍히는 두 가지 일의 어려움을 잘 알고 있습니다. 포토그래퍼로서, 피사체로서 각자 느끼는 그 긴장감을 어떻게 누그러뜨릴 수 있을까요.

찍는 입장에서 취할 수 있는 마음의 자세는, 중요한 건 '내가 찍는다'는 것입니다. 모델을 위해 찍는 것이 아니라 내가 작업하고 있다는 사실을 명확히 인지해야 합니다. '이 사람의 매력을 어떻게 최대한 끌어내지?'만 생각하면 놓치는 지점이 생깁니다. 그보다는 같은 공간, 같은 시간에 '너와 나'가 함께하고 있다는 그 순간에 집중하는 것이죠. 내가 마주한 상황 속에 '너와 나'가 함께 있다는 데서 출발하면 한결 자연스럽게 움직일 수 있습니다.

가령 예쁘게 찍기 위해 내가 모델을 예쁘다고 생각해야 하나? 이런 마음가짐은 도움이 되지 않습니다. 결론부터 말씀드리면 그러지 않아도 된다는 거죠. 보이는 대로 찍으면 됩니다. 오히려 거기에 어떤 판단이 들어가면 좋지 않습니다. 이 상황 속에 나도 같이 있음을 자꾸 떠올립니다. '지금 이 순간은 너와 내가 함께하는 경험이야' 이런 생각이 순조롭게 출발할 수 있는 노하우입니다. 주체는 모델이 아니라 찍는 사람이다. 그래야 훨씬 편안하게 상황을 읽고 리드할 수 있다. 그래야 자연스러운 사진을 찍기 더 쉬워진다. 이렇게 생각합니다.

남편한테 물어봤어요. 남편은 모델로서 제 카메라 앞에 서본 경험이 많으니까 부부가 아니라 포토그래퍼와 모델로서 일할 때의 느낌을 물었죠. "나는 사진 찍을 때 어떤 사람 같아? 어떤 포토그래퍼로 느껴져?" 그랬더니 이런 답이 돌아왔어요. "너는 추리하는 탐정 같아. 여러 가지를 관찰하는데, 손짓 몸짓만 보는 게 아니라 공간까지 전체적으로 읽는 감각이 탁월해"라고요. 남편이니까 더 후하게 평가해줬을지도 모르지만, 일할 때 제가 중요하게 여기는 포인트는 맞습니다. 관계를 어떻게 맺을까 고민하기보다는 주어진 분위기를 읽고 함께 있음을 인지하려 한다는 점에서요.

공간 사진을 찍는 경우도 있는데, 인테리어 촬영은 눈앞에 있는 공간과 빛과 사람, 모든 요소를 한 번에 읽는 훈련을 하는 데 도움이 됩니다. 어떤 사람에 대해 알려고 집중하면 오히려 잘 안 읽힙니다. 함께 있는 분위기를 읽으면 그 사람도 조금씩 보이게 되죠. 모델에게 집중하고 싶을 때는 시야를 넓혀보세요. 커다란 공기의 흐름 속에 모델이 어떻게 움직이고 나와 어떻게 대치하고 있는지 감각하세요. 일반적인 관계에서도 마찬가지라고 생각합니다. 맥락 속에서 상황을 이해하는 것이 단일한 감정에 치우치지 않는 포인트라고 믿는 편입니다.

중요한 건 내가 찍는다는 것.

함께 있는 분위기를 읽으면

그 사람도 조금씩 보이게 되죠.

모델에게 집중하고 싶을 때는

시야를 넓혀보세요.

나만의 스타일

자연스러운 마음가짐으로 촬영하면서, 모델에게는 어떤 포즈도 요구하지 않습니다. 다만 서로 움직입니다. 움직임을 살피다 보면 특징을 잡아낼 수 있어요.

아직도 어색하다면 "여기서부터 저기까지 걸어가보세요"라거나 "의자에 앉아보세요" 정도의 움직임은 제안합니다. 제가 디렉팅을 한다면 움직임에 대한 이야기를 할 뿐이죠. 모델이 이런 움직임을 편안하게 받아들이는지 아닌지 우선 파악을 해야겠죠. 이것도 포토그래퍼의 일이에요.

사진 찍는 분들 중에는 자신만의 스타일을 어떻게 만들어야 할지, 굳이 사진이 아니더라도 내 취향, 나만의 스타일을 어떻게 드러낼지 고민하는 분들이 많습니다. 포토그래퍼로서 지금 이 순간을 기억하는 방식이 스타일을 만든다고 생각합니다. 내가 지금 맞닥뜨린 상황을 어떤 방식으로 기억하는가는 중요한 문제입니다. 그것이 바로 '시선'이니까요.

찍는 순간에 떠오르는 생각은 그대로 시선에 다 담기거든요. 어떤 사람과 이야기할 때 눈을 보면 그 사람이 진심인지 아닌지 대략 느낄 수 있는 것과 같은 맥락입니다. 눈은 뇌와 연결되어 있으니 그 순간의 생각과 감정을 직관적으로 표현합니다. 그렇기에 내가 카메라를 통해서 보고 있는 나의 시선에 자신감을 갖고 충분히 찍다 보면 누구든 자신만의 스타일을 갖출 수 있습니다.

저는 렌즈에 눈을 직접 대고 프레임을 만들어서 찍는 편입니다. 액정 화면을 보면서 찍는 경우는 드물어요. 주위에 읽히는 정보가 너무 많거든요. 빨리 찍어야 하는 상황에서는 화면을 보고 찍기도 하지만 렌즈 감각을 선호합니다. 그래서 스마트폰 사진을 못 찍는다는 얘기를 종종 듣곤 하죠.

'내 앞의 카메라로 초대한다'라는 말을 좋아합니다. 촬영 현장에서 카메라 앞 모든 상황은 포토그래퍼가 리드해야 합니다. 그러면 피사체가 편안해집니다. 불편한 상황은 뭘 해야 할지 모를 때 생기잖아요. 포토그래퍼가 '어떻게 찍어야 하지' 하는 순간 분위기가 악화됩니다. 굳이 말을 안 해도 태도에서 드러나니까요. 그럴 때 주문을 외워야 하죠. 내 시선 앞으로 초대한다는 마음가짐이 도움이 됩니다.

아이 사진을 예로 들어볼게요. 아이가 확 예뻐 보여 내가 바로 카메라를 들었어요. 꽃 앞에 아이를 데려다 세우죠. 그런데 그 자리에서 사진 찍으려는 사람이 와글와글 모여 있어요. 그 사람들이 내 앵글 안에 들어와 아이는 보이지도 않는 거죠. '어떻게 이 앵글에서 다른 사람 없이 아이를 예쁘게 찍지?' 생각이 이렇게 흘러가면 상당히 어려워집니다. 다소 복잡한 상황이더라도 나는 꽃 앞의 아이를 찍고 싶구나, 하는 마음을 받아들이고 그냥 찍는 겁니다. 이 혼란스러운 상황을 찍어버리는 것이죠. 아이 옆에 다른 사람 팔꿈치가 걸려 빅 클로즈업을 들어가기도 하고 아니면 이 상황 전체를 찍기도 하고요. 어떻게 찍든 사진은 이 순간을 내가 기억하는 방식이 되니까요.

영화 연출을 공부했으니까 한때는 사진 촬영을 할 때도 콘티를 그렸습니다. 불안하니까 그랬겠죠. 메모지에 간단히 그렸습니다. 이를테면 잡지 촬영 같은 경우에는 모델이 몇 컷 나와야 하는지 정해져 있으니까 예상할 수 있는 사진의 방향을 정해 갔습니다.
그런데 콘티를 그렸을 때 문제는, 현장에서 내가 예상한 그림이 안 나오면 길을 잃은 듯 갇혀버린다는 것입니다. 소파의 높이가 너무 낮거나, 원하는 색깔이 아니라거나 하는 빗나간 요소들 앞에서 당황하는 것이죠. 원래의 콘티를 빨리 버리고 다른 선택지로 가야 하는데 B안 C안까지 준비하지 않았으니 힘듭니다. 어떻게든 그 그림을 얻고 싶으니까요. 제가 일을 시작한 초반에 겪었던 고충이에요.

그리고 깨달았습니다. 콘티대로 찍어도 원하는 그림처럼 안 나온다는 것을요. 한번은 어떤 뮤지션을 찍었는데 촬영 때 호흡이 좋았고 모든 게 완벽하다고 생각했습니다. 그런데 결과는 만족스럽지 못했어요. 이유를 알 수 없었죠. 콘티대로 찍었는데 왜 그 그림이 안 나오지? 그 촬영 후로 그 방식을 아예 버렸어요. 현장에서 내 시선으로 분위기를 읽고 장악하기, 요즘에는 이렇게 일하고 있습니다.

포토그래퍼로서

지금 이 순간을 기억하는 방식이

스타일을 만든다고 생각합니다.

'내 앞의 카메라로 초대한다'라는 말을

좋아합니다.

Commercial Work

제가 런던에서 활동을 시작해서 그런지 종종 해외에서 일이 들어옵니다. 영어로 소통할 수 있으니까 어떤 일이든 할 수 있는 장점이 있더군요.

한번은 Airbnb 본사에서 '너 MZ 아니?'라며 연락이 왔어요. 그래서 '나 몰라 MZ. 만나는 사람도 없고, 애만 키우고 있어' 그랬더니 주위에 있는 MZ 몇 명을 모아서 여행을 가라는 거예요. 태국에 있는 Airbnb를 선택해서 가라는 의뢰였죠.

해외 기업과 일할 때 좋은 점은 클라이언트가 멀리 있다는 겁니다. 촬영할 때 내 옆에서 모니터를 보고 있는 클라이언트가 없고, 찍는 컷마다 이래라저래라 하는 사람 없이 제 뜻대로 찍을 수 있는 장점이 있죠. 당연히 단점도 있어요. 제가 스스로 준비해야 하는 범위가 넓다는 거예요. 예를 들면 모델을 구하는 게 사실 제 일은 아니죠. 장소를 찾는 것도 제 일은 아니에요. 그런데 제가 그런 것까지 조율해야 하는 경우가 많이 일어납니다.

가까스로 MZ를 모아서 여행을 갔어요. 너무 좋았습니다. 처음 태국에 갔는데 방콕에서 비행기를 타고 코사무이로 가서 또 배를 타고 한 시간 반 들어가는 아주 작은 섬이었어요. 모든 게 꿈만 같았던 프로젝트였어요. 전혀 모르는 친구들과 여행을 갔으니 밤을 새워 새로운 이야기를 했죠. 그러다가 정신 차리고 하시시박으로 돌아가 사진을 찍는 제가 생경했던 기억이 납니다. 삼각대 쓰는 걸 싫어하는데 밤하늘의 쏟아지는 별을 담기 위해 그때는 삼각대를 메고 섬에 갔어요. 단 한 컷이지만 중요했거든요. **프로젝트마다 안 하던 도전을 하게 만드는 순간이 있는데 저는 그게 참 좋아요.**

Aesop에서 사진전도 제안받았어요. 도시 생활자를 위한 안티 옥시던트 세럼이 새롭게 출시될 때였어요. Aesop 같은 경우는 본사에서 모든 걸 컨트롤해요. 숍에서 쓰는 스푼 하나까지 명확하게 지정한다고 하더라고요. 스타필드점에서 전시한다는 연락을 받고 서울 도심을 흑백으로 찍었어요.

도시의 쨍한 사진이 필요한데 계속 비가 오는 장마철이었어요. 먼지를 막아주는 기능이 있는 세럼이었는데, 축축한 장마라니요. 며칠 동안 카메라를 들고 서울을 돌아다니면서 비 오는 장면을 그냥 찍었습니다. 아예 모델이 없을 수 없으니까 가족을 동원했습니다. 양해를 구하고요. 촬영하고 딱 4일 후에 스타필드에 걸렸어요. 그때도 비가 주룩주룩 내렸는데 오히려 촉촉한 느낌이 세럼과 잘 어울려서 다행이었습니다.

Philips와의 협업도 말씀드리고 싶어요. Philips는 우리가 익히 아는 전자제품 외에도 의료기기를 집중적으로 만드는 브랜드입니다. 암을 획기적으로 치료할 수 있는 기기가 새로 개발되어 홍보하는 글로벌 캠페인이었어요. 실제로 암을 극복한 환자분들을 모델로 진행했던 프로젝트였습니다. 전문적인 모델이 아닌 분들과 하루를 보내며 투병과 회복 과정을 듣고 찍었죠.

작업한 사진들의 반응이 좋아 뉴욕 한복판 타임스스퀘어 전광판에 대대적으로 걸렸습니다. 시카고 국제공항에도 걸리고, 미국 곳곳의 버스 정류장에도 걸렸어요. 며칠 전에 이 사진을 2년 더 연장해서 쓸 수 있겠냐고 연락을 받았습니다. 모델이 되어주셨던 분 중 한 분은 어머니를 모시고 직접 뉴욕에 방문해서 인증 샷을 찍으셨더라고요. 모델들과 긴밀히 소통하며 촬영을 했었는데 회복하시고 장거리 비행까지 안전하게 하셔서 정말 뿌듯했던 기억이에요.

〈DOR to Melbourne〉이라는 잡지를 위해서 찍은 사진들은 멜버른에서 촬영을 했기에 만나는 모든 분들이 처음 뵙는 분들이었죠. 하지만 그분들의 개인적인 공간, 집 혹은 작업실에서 인터뷰를 하고 촬영하니 자연스러운 사진을 얻을 수 있었어요. 그러니까 실은 이분들이 저를 초대한 거잖아요. 동시에 저는 제 카메라 앞으로 이분들을 초대한 것이고요. 그러다 보니 이 상황 자체를 서로 부드럽게 인지하게 되어서 자연스러울 수 있었던 것 같아요. 그 결과 에너지 있는 사진이 나와주었습니다.

호주는 해가 정말 멋지고 강렬해요. 오래된 건물을 살려서 그대로 리뉴얼하는 공간들이 많은데 대부분 통창이고 천장이 높았죠. 강렬한 햇살이 가득하게 들어오면 너무 멋지지만 이쪽저쪽에서 빛이 들어와 어디에서 찍어도 역광인 경우가 잦았습니다.

이때 알게 된 간단한 팁을 공유하고 싶어요. 내가 찍고 싶은 배경은 움직일 수 없고 피사체는 그 앞에 서 있어야 하는데 역광이라면 난감하잖아요. 그럴 때는 카메라를 들고 있는 내가 움직이면 역광이 아니게 됩니다. 모델을 움직이려 생각하지 마시고 내가 각을 틀면 아주 간단해요.

촬영을 할 때 **주어진 조건이 완벽하지 않을 때가 사실은 대부분이죠. 그럴 때 내가 아주 살짝 움직이면 해결되는 것들이 많습니다.** 사진은 앵글이고, 앵글 안에 무엇이 보이게 하는지는 결국 나의 선택이기 때문이죠. 삶에서도 마찬가지라고 생각합니다.

광고는 한 시즌을 앞서 준비하기 때문에 여름에 겨울 상품, 겨울에 여름 상품을 촬영하게 됩니다. 북극 한파에도 끄떡없는 패딩을 입고 33도가 넘는 야외에서 추운 척 연기를 해야 하죠. 모델과 수많은 스태프가 그런 완벽하지 않은 상황에서 최선을 다합니다. 하지만 어떻게 해도 계절과 맞지 않는 풍경이 찍힐 때가 있죠. 후반 작업에 예산이 넉넉지 않다면 앵글을 바꾸세요. 많은 것이 해결됩니다.

Aesop 프로젝트를 마치고 일주일쯤 후에 서울시에서 북촌 사진을 의뢰받았어요. 이 프로젝트는 사진을 함께 보여드릴게요. 이미 서울 사진을 찍는 데 온 힘을 다 쏟은 상태에서 북촌으로 범위를 더 좁힌 작업이 들어왔습니다. 큰일 났다는 생각에 목이 탔죠.

제가 좋아하는 사진입니다. 무엇이 보이나요? 자세히 보시면 잠자리가 있어요. 태풍이 서울을 강타했습니다. 나무들이 뽑혀 나갔죠. 날아간 가지들이 전선에 위태롭게 걸려 있고, 그 위에 잠자리 여러 마리가 가볍게 앉아 휴식을 취하는 듯 보였어요. 도대체 무얼 찍지 하며 하늘을 멍하니 올려다보다 발견한 장면이에요. 눈에 들어오는 모든 게 의미 있어 보일 때가 있죠. 목에 카메라를 걸고 정신이 반쯤 나가 서성이는 저를 어딘가에서 마주치실지도 모르겠습니다.

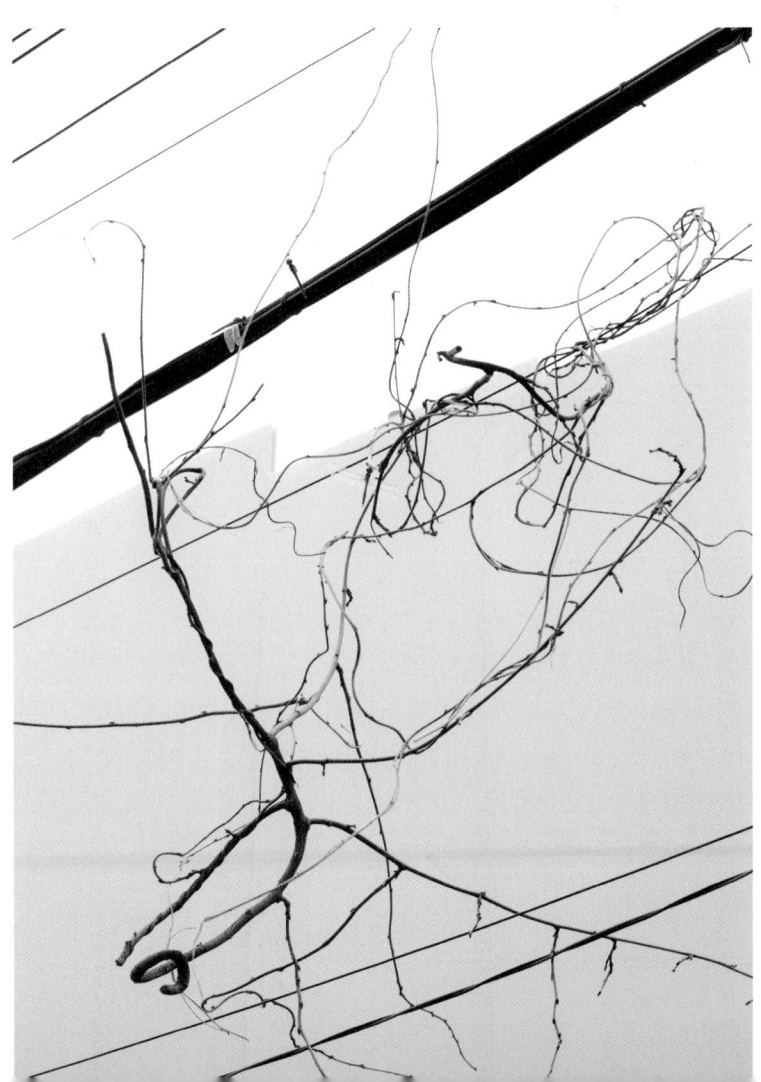

북촌, 하면 우리가 떠올리는 이미지가 정해져 있잖아요. 클라이언트
입장에서는 어쩌면 그런 사진들, 한옥 사진을 원했을 텐데 저는 전형적인
이미지대로 찍고 싶지는 않았어요. 제 이름을 걸고 하는 전시니까
제 만족이 있어야 하잖아요.

그래도 한옥 사진을 넣긴 넣어야 해서 공사 중인 기와를 찍었습니다. 그때 북촌에 대대적인 공사가 많았거든요. 저는 매우 정치적인 사진이라고 생각합니다만.

북촌에서 제가 좋아하는 70년대 주택이에요. 유일하게 남아 있는 건물이었는데 최근에 보니까 없어졌더라고요. 이런 커튼 달고 있는 사람, 너무 궁금하잖아요. 저만 그런 거 아니죠? 단순히 창 너머에 있는 커튼 하나로도 어떤 특정한 시대를, 특정한 기억을 소환하게 됩니다. 저 커튼은 완벽하게 80년대 후반, 90년대 초거든요. 그때부터 지금까지 같은 자리에 있는 저 커튼이 저는 아주 특별해 보였어요.

북촌은 밤에는 잘 안 가잖아요. 그래서 일부러 밤에 나가서 찍기도 했어요. 담벼락 창살에 딱 절묘하게 있는 낙엽을 찍은 사진이에요.

그래, 북촌에서만 찍을 필요 없지, 북촌을 멀리서 바라보고 찍어도 되잖아, 해서 찍은 사진들입니다. 서울 시티투어버스를 타고 광화문에서 경복궁 가는 버스 안에서 찍은 사진이에요. 골목골목 재밌는 장면들을 마주하실 수 있어요.

마지막으로 소개해드리고 싶은 작업은 SK하이닉스에서 제안받은 프로젝트입니다. SK하이닉스의 사회 공헌 프로그램인 '행복나눔기금'에 직원 참여를 더욱 뜻깊게 독려하기 위해 기부금 수혜자 사진전을 의뢰받았습니다. 처음에는 이 작업을 거절했었어요. 제가 아무 편견 없이 보는 그대로, 보이는 그대로 찍을 수 있을까 자신이 없었거든요. 나만의 스타일로 담아낼 수 있을까 걱정이 되어 고민을 했습니다. 그런데 같이 팀을 이룬 대행사분들과 SK하이닉스 스태프들이 다행히 저를 많이 지지해주셨어요. 프로젝트 끝까지 함께해주셔서 큰 힘이 되었습니다.

나의 생각, 감정, 경험이 내 시선에 모두 담겨서 한 장의 사진이 되잖아요. 그 순간에 내가 어떤 판단을 해버릴까 봐 너무 무서운 거예요. 그런데 그러지 않으려고 노력하게 될까 봐 그것 역시 무서웠어요. 어느 쪽이든 내가 정말 잘할 수 있을까 고심을 많이 하면서 진행한 프로젝트였습니다.

프로젝트를 위해 이천 지역에 거주하시는 다양한 연령대의 수혜자들을 열흘 정도 만났습니다. 그분들의 집에, 일터에 찾아가서 이야기를 나누고 촬영을 했어요. 밥을 얻어먹기도 하고 집된장을 받아 오기도 했습니다. 십대 아이들과 사는 이야기도 하고요. 아직까지 제 마음속에 진하게 남아 있는 프로젝트 중에 하나예요. 시작하기 전에 고민했던 게 무색할 만큼 모든 분들께 커다란 에너지를 얻고 깊이 감동받았던 프로젝트였습니다. 만났던 분들 하나하나 세세하게 기억에 남아 있습니다.

첫 촬영으로 SK하이닉스에 매일 아침 배달되는 빵을 만드는 공장에서 일하는 발달장애인 두 분을 찍었습니다. SK하이닉스 직원들이 아침에 갓 만든 빵을 매일 제공받는다는 것도 놀라웠지만 그 공장에서 일하시는 분들이 얼마나 직업 정신 투철하게 성실히 일하고 계신지도 놀라웠습니다. 발달장애인들을 교육하고 일자리를 창출하는 데에서 나아가 커뮤니티를 형성하고 일상을 공유하는 현장을 함께하며 저의 앞선 걱정이 불필요했음을 알게 되었습니다.

또 다른 촬영에서는 65세 이상의 할머니 바리스타들이 일하고 계시는 실버 카페에 갔습니다. 촬영을 한다고 새로 머리도 하시고, 예쁜 안경을 쓰시고, 셔츠 색깔이랑 맞춰서 립스틱도 바르고 오셨어요. 그 모습이 너무 사랑스러워서 기억에 남습니다. 앞치마가 내려가는 줄도 모르고 밝게 웃음 짓던 모습이 아직도 눈에 선합니다.

장학금 지원을 받고 있는 중학생 친구의 학교에 가서 사진을 찍기도 했습니다. "잠시만요. 제가 아직 준비가 안 됐거든요" 그러면서 팩트를 바르는 모습이 너무 생생하게 그 나이를 말해주고 있어 카메라에 담았죠. 뭘 좋아하는지 물었더니 노래 부르는 걸 좋아한다고 하면서

학교에 있는 노래방에 저를 데려갔어요. 노래방 조명 아래 사춘기 소녀를 찍으며 저는 어쩐지 울컥했습니다.

위치추적장치를 제공받고 있는 발달장애 어린이와 촬영할 때는 긴장했어요. 카메라가 무기가 될지 모른다는 생각이 들어서 조심스러웠습니다. 제 아이들도 제가 집에서 갑자기 카메라를 들면 정말 싫어하거든요. 최대한 빨리 자연스럽게 찍고 마치려고 서둘렀어요. 저의 긴장은 아이에게도 느껴질 테니까요. 의사 전달이 충분히 될 수 없는 상황에서 카메라를 들게 되니 미안했지만 다행히 아이가 거부하지 않아서 나의 이런 마음이 조금은 가닿았나 했던 촬영이었습니다.

동작이 감지되지 않으면 가족이나 지인에게 연락이 가는 서비스를 이용하고 계신 분 댁에 방문하기도 했어요. 제가 언제 다른 분 집에 들어가서 마음껏 카메라를 들 수 있겠어요. 정말 인상적인 경험이었어요. 이 댁에서는 된장과 상추와 허브를 얻어 왔고요. 직접 해주신 닭볶음탕도 먹었어요. 거동이 불편하셔서 마트에 자주 못 나가신다고 해서 제 차로 읍내 마트도 다녀왔습니다. 대략 몇 시간 머물렀는지 아시겠죠?

사진을 찍을 때 제가 가장 중요하게 생각하는 건, 지금 우리가 말을 나누고 있지 않더라도 소통하고 있는 자리라는 거예요. 내가 카메라를 들고 당신을 찍는다는 것은 커뮤니케이션을 하고 있다는 거죠, 너와 내가. 대부분 이 점을 잊는 경우가 많은데, 요즘에는 특히 중요한 지점이라고 생각합니다. 예를 들면 공공장소에서 타인을 대상화하거나 허락 없이 찍으면 안 되거든요. 사진을 찍는 행위는 커뮤니케이션임을 전제해야 하니까요.

'내'가 찍는 거니까 허락받지 않아도 괜찮다고 생각하는 마음은 옳지 않습니다. 사진을 찍는다는 건 너와 내가 커뮤니케이션하는 과정이라는 점을 다시 강조해서 말하고 싶습니다.

어떻게 일할 것인가

촬영하는 순간을 나는 어떻게 기억할 것인가. 여러 난제가 겹칠 때 받아들이고 촬영할 것인가, 아니면 능동적으로 움직여서 상황을 변화시키며 촬영할 것인가. 돌아보니 둘 다입니다. 능동적으로 도전 정신을 갖고 준비하되, 촬영하는 그 순간에는 있는 그대로 받아들이며 찍는 게 맞다는 생각이 듭니다.

이런 질문도 종종 받습니다. 정기적으로 일이 주어지지 않는 직업인 포토그래퍼의 경제적 수입에 대해서요. 저는 제가 하는 일의 대가를 미리 정하고 협상합니다. 다른 사람이 정해주는 게 아니죠. 스스로 '얼마 정도면 이 일을 할 수 있어'라는 리미트를 생각해두면 좋습니다. 다만 그 대가를 먼저 제시하기보다는 일을 주는 쪽이 제안하도록 요청하는 편이 낫습니다. 협상이란 그런 거잖아요. '당신을 알고 나를 알면 오케이'입니다.

계약서도 중요합니다. 촬영뿐 아니라 전시를 할 때도 물론 중요하죠. 개인전이 아닌 그룹전이라고 하더라도 계약서를 써야 합니다. 표준계약서 양식이 있기 때문에 계약서 작성 문제로 진행이 미루어지지 않습니다.

제가 어려워하는 관계 맺기도 차츰 생각이 정리되었어요. 인맥을 위해 억지로 많은 사람과 얽힐 필요가 없다는 쪽으로요. 인맥 관리라는 말을 저는 믿지 않습니다. 사람은 관리 대상이 아닙니다. 일을 성실하게 잘하면 어떻게든 제안을 받게 되어 있다고 생각합니다. 어떤 면에서는 인맥을 통해 들어오는 일에서 문제가 발생할 확률이 더 높은 듯하고요.

일과 관련해서 제가 요즘 훈련하고 있는 것은 '영어로 비즈니스 이메일 쓰기'입니다. 해외에서 직접 의뢰를 받는 경우가 많은 편입니다. 아무래도 영어로 직접 소통이 가능하니 더 편하죠. 수없이 많은 프로젝트를 했지만 다시 메일 쓰기 공부를 하고 있어요. 작업 대가로 책정된 금액, 작업 수정에 대한 논의에는 뉘앙스가 중요합니다. 미묘하고 조심스러운 비즈니스 대화에서 어떻게 하면 더 세련되게 표현할 수 있을지 연습할 필요가 있어 시작했어요.

이메일을 주고받다 보면 프로젝트의 성격을 파악할 수 있어요. 물리적으로 불가능한 제안의 경우에는 일일이 답변을 하지 못할 때도 있지만, 진심이 느껴지는 이메일에는 반드시 답을 씁니다. 프리랜서는 스스로를 하나의 회사로서 인식해야 하니까, 비즈니스를 매끄럽게 하는 법을 익히는 것도 중요합니다.

나의 생각, 감정, 경험이

내 시선에 모두 담겨서

한 장의 사진이 되잖아요.

내가 카메라를 들고 당신을 찍는다는 것은

커뮤니케이션을 하고 있다는 거죠, 너와 내가.

질문들

공공장소에서 타인을 허락 없이 찍으면 안 된다고 말씀하셨는데 그러면 매번 허락을 구하고 촬영하시나요. 어떤 방식으로 허락을 받으시는지 궁금합니다.

타인의 얼굴이 인식되면 허락을 구하죠. 커머셜 프로젝트의 경우에는 더욱이 허락을 구하는 게 중요합니다. 초상권 계약서를 무조건 써야 하거든요. 법적으로 위임을 받고, 비용도 지불합니다.

인맥은 크게 중요하지 않다고 하셨잖아요. 하지만 현실적으로는 인맥 덕분에 일을 수월하게 진행하는 경우도 생깁니다. 인맥이 중요하지 않다고 생각하게 된 계기가 있을까요.

제가 인맥으로 일한 경험이 많이 없어서 그렇게 생각하는 것일 수도 있습니다. 그런데 주위에 오랜 경력을 가진 프리랜서들에게도 인맥이 그다지 중요하지 않다는 이야기를 듣곤 합니다. 예를 들면 지방에 살아서 서울에서 인맥 쌓을 기회를 갖지 못한다는 걱정은 안 하셔도 된다는 것이죠. 실력은 어떤 경로로든 드러나기 마련이니까요.

저도 프리랜서로 일하고 있습니다. 육아와 일을 병행하면서 아이와 관계 맺기가 참 어렵습니다. 아이가 어려서 요구가 많은 시기인데, 바쁘면 부드럽게 응하기가 어려워요. 작가님은 육아와 일을 어떻게 병행하시는지, 어떻게 시간 관리와 마인드컨트롤을 하시는지 여쭤봅니다.

휴. 참 힘든 일입니다. 집 밖에서 촬영을 마치면 그걸로 일이 끝난 것이 아니죠. 시작입니다. 집에서 데이터 보정을 해야 하니까요. 셀렉하고, 보정하는 일이 얼마나 중요해요. 컴퓨터 앞에 앉아서 일하는 시간 확보가 관건이에요. 항상 아이들이 잠든 후에 일할 수는 없잖아요. 효율이 떨어지죠.
그래서 남편한테 '나 일해야 돼'라고 말한 후 육아를 맡깁니다. 최대한 힘을 합해 육아를 하죠. 다행히 집의 생활 공간과 작업실이 분리되어 있습니다. 아이들한테도 '엄마 일해야 하니까 올라오지 마'라고 말해요.

그래도 올라오지만, 지금 소통할 수 없는 상황이라는 걸 계속 알려줍니다. 절대 흔들리지 않고 모니터만 보려고 하죠. 물론 어렵지만요.

아이들에게 제가 하는 일의 과정을 설명해준 적이 있습니다. 포토샵이라는 프로그램으로 어떻게 보정을 하고 키보드에서 무슨 단축키를 누르고 하는 등의 세세한 것들을요. 아이들은 엄마가 하는 일을 공유해주니 무척 뿌듯해하고 동시에 무얼 하는지 이해하게 되어 더 이상 귀찮게 하지 않았습니다. 아이가 너무 조른다면 내가 지금 하고 있는 일이 얼마나 지루하고 재미없는 것인지 아주 재밌게 설명해보세요. 아이들은 바로 나의 일에 싫증을 낼 거예요. 하하.

일상생활에서 찍을 게 너무 많아서 사진 정리가 힘듭니다. 작가님도 일상 사진을 많이 찍으시는지, 정리는 어떻게 하시는지 듣고 싶어요.

일상 사진을 많이 찍습니다. 직업으로 작업하는 사진 6, 일상 사진 4 정도 비율로 찍는 것 같아요. 폴더는 날짜순으로 정리하는데 프로젝트명을 반드시 적습니다. 그렇게 원본 파일과 셀렉한 최종 버전으로 나누어 1년 단위로 정리하고 있습니다. 일상 사진도 많이 찍으신다면 매일 옮겨서 날짜별로 폴더를 정리하시는 게 좋겠습니다.

셀렉하지 않은 나머지 사진은 다 지우시나요?

아니요. 원본 파일은 연도별로 외장하드에 따로 보관합니다.

두 가지 질문이 있습니다. 첫째는 작가님이 좋아하는 서울의 공간, 감각적이라고 생각하는 곳은 어디일까요. 또 한 가지 질문은 작가님의 일상이 궁금합니다. 인스타그램 외에 유튜브를 하실 계획이 있으신가요.

저는 당장은 유튜브를 할 계획은 없고요. 남편이 유튜브를 할 계획이 있습니다. 자연스럽게 저도 가끔 등장하지 않을까 짐작해봅니다.

서울에서 좋아하는 공간은 시청에서 광화문으로 주욱 이어지는 길입니다. 그 공간에서 볼 수 있는 풍경을 좋아합니다. 광화문 뒤편으로 산이 보이는 정경이 참 좋습니다. 젊은 시절에는 한국이 나와 맞지 않는다고 생각해서 계속 여행을 다니며 살고 싶은 곳을 찾았어요. 그러다가 한국에 돌아와서 시청과 광화문 앞을 걷는데, 산이 보이는 순간 마음이 따뜻해지더라고요. 포근하게 감싸준다는 느낌을 받았습니다. 울타리가 있을 때 더 안정감을 느낀다고 하잖아요? 세계 어느 도시를 가도 도심 한복판에서 그렇게 산이 보이는 곳이 없었습니다. 그래서 이게 저에게 마음속 고향의 풍경이라는 걸 깨달았어요. 그때부터 굳이 다른 나라를 찾거나 한국을 떠날 생각을 안 하게 됐고요. 그리고 하얏트 호텔도 좋아해요. 오랜 시간이 흘러도 랜드마크처럼 그 자리에 그대로 있는 것들을 좋아합니다.

관계에서 발생하는 돌발적인 상황에서 작가님만의 마인드컨트롤 방법을 듣고 싶어요.

저는 긴장을 많이 하는 스타일이에요. 그래서 어떤 경우에도 사전 준비를 성실히 합니다. 일하기로 한 당일까지 걱정하는 한편 준비를 꼼꼼히 하는 편이에요. 현장에서는 긴장한 티를 내지 않으려고 합니다. 긴장감은 다른 사람에게도 전달되니까 더 걱정하지 말고 그냥 일을 해버리자 마음먹죠. 다시 인용하지만 그럴 때 남편의 말도 도움이 됩니다. "사람들이 너한테 크게 관심이 없어. 네가 뭘 하든, 실수를 하든 별로 신경 쓰지 않아. 그러니까 걱정하지 마." 이 말을 떠올리면서 현장에서 모든 걸 받아들이려 해요. 받아들이는 순간 해결책을 마련할 수 있으니까요.

가족과 시간을 많이 보내시는 걸로 압니다. 시간 안배를 어떻게 하시나요. 스스로 시간을 정하시는지요.

저는 프리랜서잖아요. 저의 의지보다는 클라이언트의 의뢰에 따라 일하는 시간이 정해집니다. 어떤 통계를 보니 대한민국 가정에서 부모와 자녀가 하루에 평균 50분 정도 시간을 함께 보낸다고 해요. 다행히 평균적인 가정보다는 오래 함께하고 있습니다.

저는 돌 스냅, 동문회 같은 행사 사진을 찍고 있습니다. 홍보 스냅의 경우에는 클라이언트가 원하는 정형화된 스타일이 있다 보니 작업에 재미를 조금 잃었습니다. 그래서 제 스타일대로 찍고자 커머셜 작업을 줄였는데, 작가님 사진을 보면서 커머셜 작업에도 자기 스타일을 반영할 수 있구나 느꼈어요. 저도 제 스타일을 살려서 커머셜 작업을 해나가고 싶은데, 그러려면 어떻게 제가 쌓아온 작업을 알리고 홍보할 수 있는지 궁금합니다.

내 것이 아니면 의미가 없어요. 내 스타일로 찍지 않으면 돈밖에 남는 게 없잖아요. 돈은 금방 사라지고 얼마나 허무해요. 나한테 도움이 되는 쪽으로 내가 만들어야죠. 그런데 그건 다른 사람이 해줄 수 있는 게 아니에요. 스스로 의미 부여를 해서 내 스타일을 만들며 재미를 찾아야 합니다.

스타일을 찾았다면 이제 홍보를 해야겠죠. 만약 채널이 인스타그램이라면 메인 화면이 정해져 있잖아요. 그걸 하나의 무드로 유지해보세요. 말하자면 포트폴리오를 쌓는 거죠. 그래서 언제라도 클라이언트가 내 계정을 보게 되면 이 사람은 이런 스타일의 사진을 찍는구나 한눈에 인지할 수 있도록요. 그러면 나의 스타일을 좋아하는 클라이언트가 생깁니다. 인지도 높은 브랜드와 커머셜 작업을 했는데, 결과물이 내 스타일이 아닐 때는 어떻게 해야 할까요? 굳이 게시하지 않아도 됩니다. 만약 꼭 알리고 싶다면 B컷, C컷 중에서 한 장만 올리세요. A컷이 아니더라도 내가 찍고 싶은 일부분을 가지고 있길 바랍니다.

작가님은 관계 맺는 범위가 좁다고 하셨는데, 커리어 초반에는 관계 맺기를 잘해야 하잖아요. 많은 사람을 만나면서 영감을 얻을 수도 있을 듯한데, 어떻게 생각하시는지 여쭤봅니다.

저는 사람을 만나면 영감을 얻는 것이 아니라 에너지를 뺏기는 타입이에요. 내가 사람을 만나서 에너지를 얻는 스타일이라면 이야기가 달라질 수 있겠죠. 스튜디오를 운영할 때는 클라이언트와 저녁을 먹는다거나 사교적인 모임이 이어졌습니다. 하지만 지나고 보니 술자리나 친해지려고 만나는 자리는 비생산적이었다는 생각이 들었습니다. 스스로가 어떤 타입인지 자신을 파악하는 게 먼저겠네요.

사진 보정할 때 어떤 프로그램을 쓰시는지, 또 한 번 촬영하실 때 사진을 몇 장 정도 찍으시는지 궁금합니다.

보정 프로그램은 포토샵을 쓰고 있습니다. 라이트룸은 제 성향에는 조금 무거워요. 몇 장 찍는지는 경우마다 너무 달라서 답변드리기가 어렵습니다. 어떤 장르인지, 프로필인지, 매거진인지에 따라 다르고 최종 아웃풋이 몇 장의 A컷을 필요로 하는지에 따라서도 다를 텐데요. 적게 찍을 때는 300장, 모델과 호흡이 좋아서 다양하게 찍는다면 700~800장 정도 찍습니다. 모델 한 명, 의상 한두 벌이라고 쳤을 때요. 다른 포토그래퍼들과 비교해서 많이 찍는 편인지는 모르겠네요.

작가님의 패션도 인상적입니다. 패션에도 관심이 많으신가요.

아니요. 패션에 관심이 많다고는 얘기 못 하겠어요. 제가 패션 포토그래퍼는 아니다 보니 패션 사진에 대한 이해는 떨어지는 편이에요. 그런 면에서 관심이 많은 건 아닙니다. 제 남편을 예로 들자면, 패션이 유일한 스트레스 해소법일 정도입니다. 관심이 많고 좋아하거든요. 만듦새와 촉감의 디테일까지도요. 그런 남편에 비하면 저는 관심이 많은 편은 전혀 아닌 것 같아요. 저는 주로 시각적인 스타일링 위주로 생각합니다.

사람과의 만남이 예술 같다, 아름답다고 느끼는 때는 언제인가요.

'예술 같다'라고까지 느끼는 만남은 없는 것 같아요. 사람만으로 '예술 같고 아름답다'라고 느낀 경험은 봉태규가 유일합니다. (웃음)

저 역시 상업적인 사진 작업을 하고 있습니다. 사실 클라이언트와의 관계가 중요하잖아요. 저는 거절을 잘 못 합니다. 촬영 중에 클라이언트가 여러 요구를 할 때가 있어요. 예를 들면 촬영 시간을 추가하거나 영상 촬영까지 요청하는 식으로요. 이런 경우 거절하기가 어렵습니다. 이 클라이언트와 또 일하게 될 수도 있으니까요. 제가 관계 맺기를 잘하고 있는 것일까요.

구체적으로 내가 어디까지 일할 수 있는지를 파악하는 게 중요합니다. 클라이언트와의 관계도 본인만 알 수 있죠. 누구도 이런 상황에 대해 대신 판단할 수 없을 듯합니다. 만약 시간 연장에 대한 요청을 받는다면 비용이 추가된다고 짧게 답변하시는 게 좋겠습니다. 물론 당연하다는 듯이 말해야 됩니다. 내 권리니까요. 다음에 또 함께 일할 수 있는 가능성이 있다면 더더욱 말을 정확히 하셔야 합니다. 이런 상황에 대비해서 멘트를 적어놓고 연습하세요. 거절하는 것이 어려울 수도 있으니 연습할 필요가 있어요. 세 시간 촬영하기로 했는데 지연되어서 네 시간 촬영하는 상황은 생길 수도 있지요. 그런 변수는 유동적으로 받아들여야 하지만, 그렇지 않은 추가 요구에 대해서는 시스템을 스스로 만든다는 생각으로 대처하셔야 합니다. 매뉴얼과 기준을 공고히 세우는 것, 그게 첫 번째예요.

저는 작가님을 f(x) 앨범 재킷을 보고 처음 알게 됐어요. 너무 예뻐서 어떤 분일까 상상했었죠. 그때 작업을 어떤 느낌으로 하셨는지 들려주실 수 있을까요.

제가 최근에 트와이스 앨범 재킷을 찍었거든요. 오랜만에 뮤지션을 찍었어요. 행복했어요. 진짜 오랜만이라 떨렸고 아름답다는 생각만 하면서 찍었습니다. 만남이 예술인지는 모르겠으나 사람이 아름답다는 생각을 이때 했네요.
f(x) 찍었을 당시에 고등학생이었던 친구가 성장해서 크리에이티브 디렉터가 됐어요. 그 친구가 '선배님처럼 여성 모델을 있는 그대로 아름답게 찍을 수 있는 사람이 없어요. 트와이스를 찍어주세요'라고 연락했습니다.

이 제안이 감동이잖아요. 소중한 일이었고 잘하고 싶었어요. 그런데 잘하고 싶으면 오히려 어려워지잖아요. 제가 어려워할 때마다 그 크리에이티브 디렉터가 '선배님이 하시던 대로 그때처럼 그냥 있는 그대로 찍어주세요.' 하고 힘을 주었어요.

이 촬영은 전부 필름으로 작업했습니다. 그래서 필름이 제대로 안 나오면 어떡하지 걱정이 되었지만 촬영하는 순간에는 그것마저 잊어버리고 행복하게 작업했습니다. f(x)를 찍을 당시에는 뭘 잘 몰라서 행복하게 찍었다면 지금은 그 시기를 지나와서 이 순간이 너무 소중하게 느껴졌어요. 그때 알게 된 친구들이 무르익은 프로들이 되어 다시 만난 거잖아요. 그게 너무 좋았어요. 저한테 주어지는 일 하나하나가 소중하다는 생각을 점점 많이 합니다.

작가님의 사진과 봉태규 배우님의 글을 책으로 펴내신 적이 있는데 그 작업은 어떠셨나요. 또 계획이 있으신지 궁금합니다.

그 책은 여행을 가기 전에 출판사에서 사진과 글을 각각 청탁해서 이루어졌습니다. 여행하면서 느낀 점을 남편이 글로 쓰고, 저는 사진을 찍었죠. 글과 사진을 적극적으로 콜라보했다기보다는 우리가 경험한 여행을 하나의 분모로 모은 거여서 어려운 점은 없었어요. 이제는 남편이 책을 여러 권 내서 함께 작업하는 것에 조금 부담을 느낄 수도 있는데 이야기는 나누고 있고 어떤 방식이 될지는 모르겠지만 출간할 수도 있어요.

저는 사진작가는 아니지만 찍고 싶은 찰나에 카메라를 들면 이미 놓치는 경우가 많더라고요. 특히 인물 사진 찍을 때 포착하고 싶은 빛이나 표정이 순식간에 사라지곤 합니다. 그런 순간들을 놓치지 않는 팁이 있을까요.

시간은 되돌릴 수가 없어요. 저도 그럴 때가 많은데, 그럼 어쩔 수 없다고 생각합니다. 그 순간을 내가 봤으니 됐다. 그렇게 지나가는 편입니다. 내 것이 될 운명이 아니었다고 스스로를 위안하고 넘깁니다.

트와이스 사진을 다 필름으로 촬영하셨다고 했는데, 필름과 디지털을 구분하는 이유가 궁금합니다. 필름으로 찍는 경우에는 어느 정도 위험할 수도 있잖아요.

그렇죠. 제가 필름으로 작업해온 지는 벌써 20년쯤 되었는데요. 아주 오랜만에 필름을 사용했어요. 찍을 때는 전혀 못 느꼈는데, 촬영이 끝나고 '수고하셨습니다' 인사하고 어시스턴트를 보는 순간 눈물이 날 뻔했어요. 이거 다 블랙으로 나오면 어떡하지, 하는 생각마저 들더라고요.
다행히 잘 나왔어요. 크리에이티브 디렉터가 되어서 저를 추천한 친구가 저와 함께 리스크를 감수한 거죠. 필름 쓰는 리스크가 보다 재밌는 결과를 만들어내는 것 같아서 저는 더 좋아하기도 합니다. 일의 성격에 따라서 어울리는 질감이 있기에 그것을 기준으로 필름을 쓸지 디지털을 쓸지 구분합니다.

일할 때 긴장하는 편이라고 하셨는데, 어떻게 감추시나요.

저는 안색에 드러나는 스타일이어서 완전히 감추기는 어려워요. 그래도 감추려고 하죠. 점점 나아지고 있고요. 어쩌면 제가 긴장할 상황을 만들지 않으려고 제 성격에 맞는 일 중심으로 하고 있는지도 모르겠어요.

작가님과 봉태규 배우님의 만남이 서로의 일에 어떤 영향을 주고 있나요.

각자 작업에 대해 대화를 많이 나눠요. 우리 둘의 작업뿐만 아니라 세상 무엇에 대해서든 대화를 나눕니다. 요리, 육아, 패션, 영화, 배우와 작가, 뉴스 기사, 모든 것에 대해 활발히 의견을 나누고 교류하니까 영향이 있겠죠. 그런 모든 일상을 나누는 대화가 일의 세계에도 긍정적인 방향으로 작용하고 있다고 생각해요.
특히 남편은 저에게 힘이 되는 말을 많이 해줍니다. 저는 그에게 도움이 될까, 잘 모르겠어요. 제가 영화를 공부했으니 남편이 하는 일의 구체적인 프로세스에 대해 그래도 남들보다는 인지하고 있는 편이거든요. 결혼 초기에는 남편이 제 말을 너무 신뢰해서 함부로 이야기하면 안 되겠다고 깨달았죠.
지금은 그가 진행하고 있는 라디오를 청취자로서 매우 즐겨 듣고 있어요. 남편이 화면에 나오거나 일을 하는 모습을 보면 신기하게도 연예인 봉태규로 보입니다. 내 남편이 TV 속에 들어가 있네, 신기하다. 그런 느낌은 전혀 없어요. 아무래도 원래 거기에 있던 사람이었어서 그런 것 같기도 하고요. 일하는 남편의 모습은 늘 상당히 멋있습니다.

해외에서 생활하시면서 다른 문화 속에서 다양한 관계를 경험하며 배운 것들이 있을까요.

어렸을 때는 외국과 한국 문화를 비교했는데, 지금은 그 태도가 올바르지 않았음을 깨달았어요. 이기적이고 편협한 생각이었죠. 한국 사회의 여성상이 저는 너무 싫었거든요. 그래서 하와이로 훌쩍 떠났는데, 해변에서 체형이나 피부와 상관없이 누구나 입고 싶은 차림으로 수영하고 있는 모습이 인상적이었어요. 그게 부러웠습니다. 나도 그러면 되는데, 내가 나를 해방시켜주면 되는데, 그런 생각도 들었고요. 부러움이 단지 비교에서 끝나면 안 되잖아요. 내 삶을 통해 스스로 새롭게 변화해야 한다는 게 어린 시절 가장 크게 얻은 깨달음이었어요.

한국의 전통적인 여성상을 싫어하셨는데, 이제는 가정에서 엄마, 아내, 며느리 역할을 하며 살고 계시잖아요. 결혼 이전과 이후에 여성상에 대한 변화가 있나요.

저는 결혼할 마음이 없었고, 아이도 가질 생각이 없었습니다. 남편을 만나 사랑하게 되면서 변했죠. 지금도 전통적인 여성상에 따라 수동적으로 살지 않으려고 노력합니다.
다만 지금의 저에게 그런 여성상에 부합하는 모습이 있다면, 한 개인을 위한 저의 마음이자 선택입니다. 어떤 모습인지가 중요하다기보다 어떤 마음으로 선택했는지, 그리고 그에 따른 책임을 지는지가 참다운 어른의 자세가 아닐까 생각해봅니다.

경제적인 부분에 대해서 궁금합니다. 일을 처음 시작하셨을 때, 혹은 일이 없을 때는 어떻게 생활을 유지하셨나요. 일의 대가는 계속 상승했나요.

경제적으로 힘들 때, 저는 아주 사소한 것부터 절약했습니다. 커피 한 잔, 생활용품 하나도 절약해서 버텼습니다. 이런 게 도움이 된다고? 하는 것들까지요. 당연히 도움이 되기도 하고, 무엇보다 마음가짐이 매우 달라짐을 느끼게 될 거예요. 프리랜서이지만 하나의 회사, 브랜드, 자체적인 시스템이라고 생각하고 움직이는 게 도움이 됩니다. 정시에 출근하는 나를 보고 누군가는 성실한 사람이구나 생각할 수 있으니 일이 없어도 매일 아침 스튜디오에 나가 불을 환하게 켰습니다. 저는 기운을 믿는 사람입니다. 에너지를 정체시켜두기보다 내가 긍정적인 마음을 갖고 움직일 때 그 기운이 좋은 쪽으로 흘러갈 수 있다고 믿어요. 사진업계는 비용에 정해진 기준이 따로 없는 듯합니다. 각자 협상하죠. 일의 성격에 따라 달라지기도 하고요. 예전보다 커리어가 쌓였으니 단가가 인상된 측면이 있는데, 그건 제가 하나의 프로젝트에서 책임지는 범위가 넓어졌다는 뜻일 거예요. 프로젝트의 규모가 커지면서 자연스럽게 인상되었다고 보는 편이 맞겠습니다.

어시스턴트와 일할 때는 어떤 면을 가장 많이 고려하시나요.

지금은 스튜디오를 운영하고 있지 않아서 상시적인 어시스턴트는 없습니다. 일의 성격에 따라 어시스턴트가 필요한 촬영일 때만 도움을 받고 있습니다. 어시스턴트를 찾는다면 기본적인 매너를 우선적으로 고려합니다. 그 안에 많은 게 포함되어 있으니까요. 일에 대한 예의, 그게 첫 번째 기준입니다.

자연에 대한 애정이 깊고 그에 비해 사람 관계를 어려워한다는 인상을 받았습니다. 작가님이 아이를 낳고 키우며, 인생에서 마주하는 사람들을 예전보다 더 사랑하는 마음이 생기셨을까요.

네, 많이 변했어요. 내 카메라 앞에 있는 대상을 그대로 긍정적으로 바라보게 된 것 같아요. 예전에는 나의 컨디션을 파악하려 노력했고, 커리어를 쌓겠다는 의지가 강했다면 지금은 정말 많이 변했어요. 그게 사랑의 힘이지 않을까요. 전체 속의 나를 생각하게 되었죠. 가족 안에서 엄마이자 아내로서의 나, 사진을 찍고 일을 하는 워킹 맘으로서의 나, 지금 이 순간 인생 속의 나를요. 아이를 낳고 키우며, 가족이 전하는 사랑의 힘을 느낍니다.

에필로그

절대로 아무것도 보기 싫다는 생각으로 두 눈을 꾹 꾹 감게 되는 날들이 벌써 꽤 쌓여왔다. 스치듯 떠올리고 사라져 괜찮을 거라 여겼지만 그렇지 않았다. 눈을 뜰 수가 없다. 카메라를 쳐다볼 수가 없다. 카메라를 통해 볼 수가 없다. 내 눈을 통해 마음이 그대로 담기는 사진들을 마주할 자신도 없다. 어쩌다 이렇게 되었을까. 무엇을 위해서.

'일상'이라는 단어가 갖는 여러 얼굴 곳곳에 혐오가 박혀 있는 것 같다. 원인을 알 수 없는 피부 질환처럼 어느 날 떠올랐다가 어느 날 사라진다. 곧 사라질 거라 위안한다고 해서 뿌리를 알 수 있는 것은 아니다. 어쩌다 이렇게 되었을까. 무엇을 위해서.

힘을 보태고자 하지만 '지구를 살리자' 문구가 적힌 새 텀블러를 보는 것만큼 무기력하다. 그래, 그럼에도 불구하고 눈을 뜨고 바라보고 생각하고 행동해야겠지, 나는 엄마이니까.

너희에게 혐오를 물려주고 싶지는 않다. 그것만은 확실해. 내가 이번 생일에 선물하고 싶은 건 탄력성이야. 다음 생일에는 다독임을. 비비디 바비디 부.

어느 날 카메라를 들며 다 자라난 너희를 바라보며 생각할 거야. 나와 함께해주어 고마워. 이 지난한 여정의 일상 속에 아름답게 빛나주어 고마워. 내가 아니라 너희의 힘으로, 너희의 아름다움으로, 그 자체로 말이야.